디지털 전환시대의

디지털 마케팅 커뮤니케이션

손영석 · 정우철

비앤엠북스

머리말

TV를 중심으로 소비자들을 설득하는 데 주력했던 전통적인 광고 시대가 저물고, 디지털 마케팅 커뮤니케이션 시대가 자리를 잡았다고 해도 과언이 아닐 정도로 디지털 생태계는 급변하고 있다.

하지만 디지털 관련 산업의 성장에 비해서 아직 산업 전체를 쉽게 이해할 수 있는 서적들은 부족한 것이 사실이다. 이에 저자들은 체계적인 학문적 관점의 정리는 아닐지라도 현재 디지털 플랫폼을 운영하는 산업과 기업의 역할들을 간략하게 정리해 보고자 이 책을 출간하게 되었다.

이 책의 제목과 같이 디지털 마케팅 커뮤니케이션은 주로 디지털 광고와 관련된 플랫폼을 활용하고 운영하는 영역과 더불어 유통 부문과 같이 마케팅의 또 다른 영역으로 간주되던 부분까지 아우르는 폭넓은 의미의 단어라는 점을 밝혀둔다.

즉 디지털 마케팅 커뮤니케이션은 디지털 광고가 바로 유통으로 이어져 고객 관리로 연결되고 다시 판매촉진, 로열티 프로그램과 같은 다양한 마케팅 프로모션 촉매 및 관리 활동이라고 할 수 있다. 이러한 연쇄적인 연결고리는 전통적인 광고에서는 결코 이룰 수 없는 획기적인 역할이라고 할 수 있다.

따라서 이 책에서는 디지털 마케팅 커뮤니케이션을 기존의 광고 및 프로모션 활동을 아우르는 광범위한 개념으로 규정하고 정리하였기 때문에 디지털 광고라는 단어도 많이 등장한다. 이는 디지털 마케팅 커뮤니케이션에서의 일부분에 해당되는 설명으로 이해하면 될 것이다.

독자들에게 당부하고 싶은 것은 먼저 책 뒷부분에 있는 디지털 마케팅 커뮤니케이션 관련 용어들은 꼭 알아두어야 하는 단어들이며 본문에서 약자로 사용된 단어들은 용어해설과 함께 찾아보면 이해가 쉬울 것이다. 또한 본문의 QR코드는 갤럭시폰의 경우 기본적으로 제공되는 사진 어플을 이용하면 터치로 손쉽게 접속이 가능하며 이를 통해서 동영상으로 보조 학습이 가능하다는 점을 알려둔다.

마지막으로 늘 책을 쓸 때마다 상투적으로 머리말에 쓰는 문구처럼 보이지만 실제로 정광식 사장님의 흔쾌한 동의와 출판사 직원들의 노고와 투자가 없었으면 COVID-19 바이러스가 지구를 휩쓰는 와중에 감히 책을 출간할 수 없었을 것이다. 출판사 식구들에게 깊은 감사를 드린다.

2020.11

손영석, 정우철

차 례

PART I 디지털 마케팅 커뮤니케이션

제1장 디지털 마케팅 커뮤니케이션의 정의 및 범위 3

1. 디지털 마케팅 커뮤니케이션의 목표 / 7
2. 디지털 마케팅 커뮤니케이션으로의 전환 배경 / 8

제2장 디지털 마케팅 커뮤니케이션 발전 과정 및 역사 17

1. 1세대 – 디스플레이 광고(DA) / 20
2. 2세대 – 검색 광고 / 22
3. 3세대 – 스마트 광고 / 23

제3장 디지털 마케팅 커뮤니케이션 비즈니스의 현황과 규모 25

1. 전 세계의 온라인 비즈니스 현황과 규모 / 27
2. 한국의 온라인 비즈니스 현황과 규모 / 29

PART Ⅱ 디지털 마케팅 커뮤니케이션 비즈니스

제4장 디지털 마케팅 커뮤니케이션 비즈니스의 주요한 플레이어 33

1. 온라인 광고대행사 / 36
2. 매체사 / 37
3. 미디어렙 / 38
4. 대행사, 매체사 및 미디어렙의 수수료 정산구조 / 41
5. 디지털대행사의 직군과 역할 / 43

제5장 디지털 마케팅 커뮤니케이션과 애드테크(Adtech)/마테크(Martech) 47

제6장 프로그래매틱 광고 산업의 생태계 53

1. 프로그래매틱 바잉(Programmatic Buying) / 55
2. 광고주(Advertiser)의 역할 / 56
3. 광고대행사(Ad Agency)의 역할 / 56
4. 애드서버(Ad Server)의 역할 / 57
5. 애드네트워크(Ad Network)의 역할 / 59
6. 애드익스체인지(Ad Exchange)의 역할 / 61
7. DSP(Demand Side Platform)의 역할 / 64
8. DMP(Data Management Platform)의 역할 / 66
9. SSP(Supply Side Platform)의 역할 / 67

PART Ⅲ 디지털 세계에서의 소비자

제7장 디지털 소비자행동 73

1. 정보 탐색과 구매의사결정 과정에서의 인터넷의 중요성 / 75
2. 디지털 환경에서 소비자들의 지속적 정보 탐색 과정 / 83
3. 온라인 시대의 기업의 대응 사례 / 85

제8장 디지털 조사 비즈니스 89

1. 감성 분석(Sentiment Analysis) / 92
2. 데이터 마이닝 서비스 / 94

PART Ⅳ 디지털 마케팅 커뮤니케이션 전략

제9장 디지털 캠페인 기획 및 실행 과정 105

1. 상황 분석 / 107
2. 광고 캠페인 목표 설정(Campaign objective setting) / 114
3. 목표집단 선정(Targeting) / 125
4. 미디어 플래닝과 실행 / 150

제10장 디지털 광고의 유형과 구글 플랫폼 161

1. 디지털 광고의 유형 / 163
2. 구글 광고 플랫폼 : 구글 애즈, 애드센스, 구글 애널리틱스 / 165
3. 구글 플랫폼에서의 광고 노출 순서의 결정방식 / 171
4. 디지털 매체의 특성 : 페이스북/인스타그램/트위터/유튜브 / 173

PART Ⅴ 디지털 마케팅 커뮤니케이션 용어정리

PART I

디지털 마케팅 커뮤니케이션

제 1 장

디지털 마케팅 커뮤니케이션의 정의 및 범위

1. 디지털 마케팅 커뮤니케이션의 목표

2. 디지털 마케팅 커뮤니케이션으로의 전환 배경

| 제 1 장 |

디지털 마케팅 커뮤니케이션의 정의 및 범위

디지털 마케팅 커뮤니케이션(DMC : Digital Marketing Communication)은 디지털과 마케팅 커뮤니케이션이 결합된 용어로 구성되어 있다. 2000년 이후로 많이 사용되어온 마케팅 커뮤니케이션(Marcom ; 마컴)이란 목표소비자를 설득하고 행동에 영향을 미치는 것을 목적으로 매체를 활용하는 광고보다도 넓은 의미의 용어이다.

미국 마케팅학회의 정의에 따르면 마케팅 커뮤니케이션은 "시장과 소통하기 위한 촉진(promotion) 메시지를 전달하는 데 관련된 미디어를 조율된 형식으로 사용하는 커뮤니케이션이다. 그리고 메시지는 디지털미니어, 인쇄물, 라디오, 텔레비전, 직접우편(direct mail) 및 인적판매(personal selling)와 같은 하나 이상의 경로를 통해서 소비자들에게 전달된다"라고 정의되고 있다. 여기서 시장이란 소비자와 시장구성원인 유통업 구성원을 포함하게 되며, 미디어는 현재 소비자와 잠재적인 소비자들과 브랜드 담당자가 커뮤니케이션할 수 있는 가능한 모든 접점(touch point)이 포함되고, 이를 통해서 소비자 및 고객과 구매와 구매 후 상태에서의 소통까지 관련되는 개념이다.

한편 마케팅 Merisavo(2008)가 커뮤니케이션의 디지털 측면을 강조한 정의에 따르면 디지털 마케팅 커뮤니케이션은 "디지털 채널(예 : 인터넷, 이메일, 휴대폰 및 디지털 TV 외) 및 정보기술을 사용하여 회사 또는 브랜드와 고객 간의 커뮤니케이션 및 상호작용"으로 정의하고 있다. 이 정의를 바탕으로 좀 더 자세히 살펴보면 디지털 마케팅 커뮤니케이션의 특징은 ① 인터넷, 이메일, 휴대폰 및 디지털 TV 등과 같은 디지털 채널을 이용한다는 점, ② 정보기술을 사용하여 ③ 회사 또는 브랜드와 고객 간의 커뮤니케이션 및 상호작용을 한다는 점이다.

위의 구분에서 ①, ②에 해당되는 부분은 인터넷과 정보기술의 특징이라고 할 수 있는 실시간(real time), 접근가능성(accessibility), 대규모 정보의 처리가능성 등이 해당된다. ③에서 언급하는 커뮤니케이션에서의 메시지 내용은 많은 청중에게 전달을 목적으로 하는 일반적인 메시지와 각 개인에게 개인화된 메시지인 경우가 해당되고, 고객 관계관리(customer relationship management) 측면에서도 디지털 마케팅 커뮤니케이션은 소비자나 고객과의 즉각적인 거래를 목표로 하는 커뮤니케이션 내용뿐만 아니라 장기적으로 고객을 유지시키거나 애호도를 향상시키는 것까지 포함하는 광범위한 개념이라고 할 수 있다. 또한 ③에서 언급하는 상호작용은 기업 및 브랜드의 제품에 대한 구매 및 구매 후 단계를 거쳐 브랜드 옹호자(advocacy)와 같은 소비자의 참여(engagement)에 이르는 커뮤니케이션까지 포함하는 광범위한 부분이다.

본서에서는 디지털 마케팅 커뮤니케이션을 "다양한 디지털 미디어 활용을 통하여 고객 및 시장구성원과 소통하기 위한 촉진(promotion) 메시지를 포함하는 형식의 상호 결합되는 커뮤니케이션"으로 정의한다. 따라서 촉진 메시지를 포함하기 때문에 전통적인 광고와는 달리 소비자들을 설득하고 영향을 미치는 것뿐만 아니라 구매와 구매 후 소비자들과의 커뮤니케이션까지도 포함하는 광범위한 개념이라고 할 수 있다.

그림 1-1 디지털 마케팅 커뮤니케이션의 영역

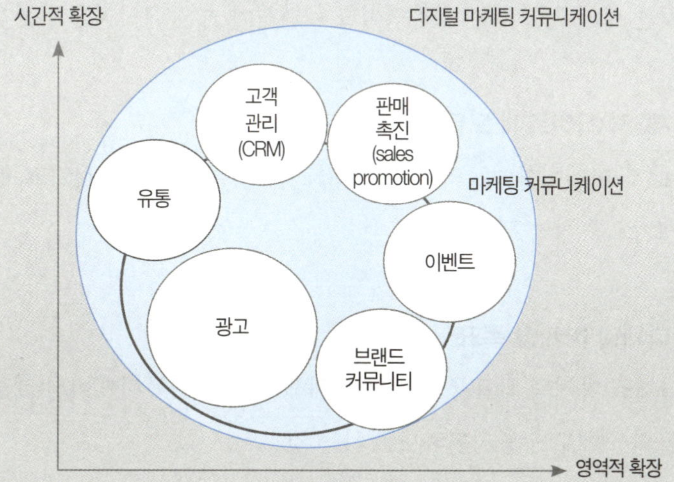

1 디지털 마케팅 커뮤니케이션의 목표

디지털 마케팅 커뮤니케이션을 통해서 획득하고자 하는 목표들은 다음과 같다. 이들은 주로 사용자나 잠재적 사용자들과 지속적인 상호교류를 통해서 브랜드를 경험하게 하고 관련된 메시지를 전달하면서 종국에는 거래와 관계유지를 할 수 있도록 유도하는 역할을 하게 된다.

① 트래픽을 증대시키는 목표

온라인 미디어와 오프라인 촉진을 사용하여 기대하는 결과(판매와 리드)로 유도하기 위해서 웹사이트에서의 트래픽을 유도하는 것

② 전환과 참여목표

온사이트 커뮤니케이션을 통하여 고객의 지각형성과 요구되는 마케팅 성과를 달성하는 데 도움이 되는 효과적이고 관련성이 높은 메시지를 방문객에게 전달하는 것

③ 제3자 사이트에 도달시키는 목표

제3자 미디어사이트의 가망고객(prospects)들에게 도달시키고 영향을 미치거나 참여시키도록 하는 것

④ 다채널 마케팅 목표

다채널 마케팅 목표를 달성하기 위해서 모든 커뮤니케이션 채널을 통합시켜 소비자들의 구매모드를 지원하도록 하는 것

⑤ 장기적인 브랜드 참여 목표

추가적인 매출로 유도하기 위한 장기적인 상호관계를 유지하기 위한 목표

2 디지털 마케팅 커뮤니케이션으로의 전환 배경

1) 미디어의 급속한 분화

2000년 들어서 급속히 발전된 디지털 통신기술은 광대역 기반의 네트워크에 유비쿼터스적인 상시접속성(full-time connectivity)이 보장되며 이를 기반으로 스마트폰을 비롯한 다양한 디지털 미디어를 이용할 수 있는 환경이 제공됨에 따라서 UHDTV, 3DTV와 같은 기술이 급속히 발전하였다. 이를 바탕으로 미디어 기술발전 추세는 양방향화, 광대역·상시연결화, 실감화, 스마트화로 발전하고 있다.

이와 같은 디지털 정보기술의 급속한 발전으로 온라인 매체환경 역시 소셜미디어를 중심으로 디지털 분야가 급속하게 발전 및 변화하였다. 2004년 이래로 등장한 페이스북(Facebook), 인스타그램(Instagram), 유튜브(YouTube), 트위터(Twitter) 등은 기업 마케터 입장에서 광고 및 홍보 메시지를 전달할 수 있는 다양한 매체로 자리 잡게 되었다.

이와 같이 등장한 다양한 매체들을 일목요연하게 분류한 트리플미디어 분류 방식을 보면 소비자들은 다양한 미디어에 노출되고 사용함을 알 수 있다. 요코야마 류지(横山隆治)가 2010년에 발표한 방식으로 다양한 미디어를 지불된 미디어, 보유한 미디어, 그리고 획득된 미디어로 분류하는 방식이다.

여기서 지불 미디어(Paid media)는 금전적인 대가를 지불하고 기업이 시간과 공간을 구매할 수 있는 미디어 채널, 방송, 신문, 온라인 광고, 페이스북 광고, 유튜브 광고 같은 형태이다. 이들의 특징은 광범위한 커버리지가 가능하며 이를 통한 메시지의 전달과 광고를 통한 브랜드 인지도를 획득할 수 있다는 장점이 있다.

보유 미디어(Owned media)는 기업이 보유한 매체로서 기업이나 브랜드 홈페이지, 페이스북 페이지와 같은 소셜미디어의 계정, 자사 매장 내의 광고 공간, 사내외 사보 등 다양한 미디어가 존재한다. 기업들은 보유 미디어를 활용하여 고객의 커뮤니티 활동 등 온라인상에서 기업의 영향력을 확장해 나갈 다양한 기회를 가지게 된다.

획득된 미디어(Earned media)는 입소문이나 게시판의 후기, SNS상의 댓글, 기사보도 등을 포함하게 된다. 이것은 제품이나 브랜드의 사용자 내지 제3자가 제작한 콘텐츠가 소셜미디어상에 게시되어 커뮤니케이션으로서 효과를 발휘하는 결과를 가져오게 되어 마케팅 영역에서 영향력을 발휘하게 된다.

그림 1-2 트리플미디어

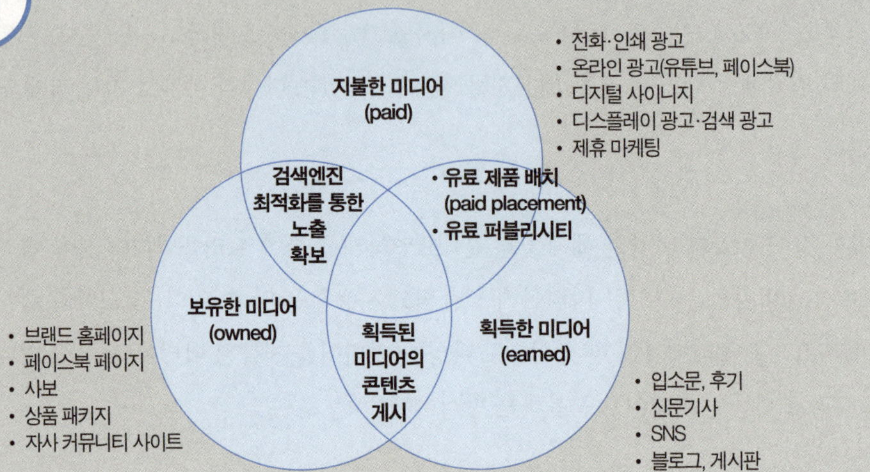

출처 : 트리플미디어전략

2) 소비자들의 미디어 다중 사용화

한편 사용자들의 관점에서도 이와 같이 다양화된 매체를 동시에 수용하는 행동패턴이 증대하게 되었다. 즉 기존의 제한된 공간과 시간적인 미디어 사용에서 탈피하여 사용자들의 생활 속에서 조각적 시공간(fragmented time & space)을 적극적으로 이용하는 생활로 급변하였다. 즉 미디어를 고정된 장소에서 장시간 이용하는 것이 아니라, 이용자가 이동 중이거나 사무실 등에서와 같이 주어진 상황에 부합되도록 단편적이고 분리된 형태로 이용하는 보편적인 패턴으로 변화하였다. 또한 하나의 미디어만 접속해서 사용하는 것이 아니라 동시에 다양한 미디어를 접속해서 사용하는 행태를 보이고 있다.

방송통신위(2018)에 따르면 미디어 사용자들 중에서 동시에 이용하는 패턴의 비율을 살펴보면 TV를 시청하면서 타 매체를 함께 이용하는 비율은 스마트폰이 55.2%로 전년(52.9%) 대비 증가했으며, PC/노트북은 7.1%, 태블릿PC는 2.4%로 증가한 것으로 나타났다. 사용자들이 TV 시청하면서 다른 매체를 동시에 이용하는 이유는 채팅·메신저 이용(61.4%), 습관적(44.3%), 다양한 정보검색(29.8%) 등으로 나타났다.

3) 소비자행동의 급격한 변화

전통적인 정보처리 모델 중에 하나로 간주되고 교육되어 왔던 AIDA 모델은 소비자들이 정보처리를 하는 과정에서 먼저 주의(attention) – 관심(interest) – 욕망(desire) – 행동(action)의 순서로 처리를 하고 행동한다는 모델이다. 이 모델은 원래 광고보다는 매장 내에서 판매원의 판매를 중심으로 한 정보처리 및 행동과정을 위계적 단계(hierarchy stage)로 구분한 것이며, 1900년대 초 당시 광고와 판매 분야의 전문가였던 엘모 루이스(St. Elmo Lewis)에 의해서 제안된 모델이다. 이 모델은 100년이 넘도록 많은 교재에서 다루어져 왔으나 1990년 이후에 인터넷 및 모바일과 같은 뉴미디어가 발달하면서 이 모델로 설명할 수 없는 부분들이 늘어나게 되었다.

특히 쌍방향 커뮤니케이션 시대가 열리면서 그동안 기업이나 브랜드의 메시지를 일방적으로 수용하고 의존하는 수동적인 소비자가 아니라 적극적이고 능동적인 소비자의 모습도 포함하는 정보처리 과정들이 두드러짐에 따라 이러한 소비자들의 변화를 담을 수 있는 모델의 필요성이 대두되었다. 이러한 배경에서 일본 광고대행사 덴츠(Dentz)에 근무하던 아키야마 류헤이(秋山隆平)와 스기야마 고타로(杉山恒太郎)는 AISAS라는 새로운 정보처리 모델인 AISAS를 제안하였다.

AISAS 모델에서 과정은 소비자는 인지(Attention) → 관심(Interest) → 검색(Search) → 행동(Action) → 공유(Share)의 단계를 거친다는 것이다. 여기서 인지와 관심 단계는 기존의 모델과 동일하지만 검색(Search)의 경우에는 소비자들이 관심을 가진 제품, 서비스에 대해서 이용자 스스로가 인터넷을 통해 상세 정보 취득, 가격 비교 등을 통해 제품 정보를 습득하는 것을 모델에 포함하였다. 즉 소비자들이 어떤 제품이나 브랜드에 흥미를 갖게 되면, 그 제품에 대한 사용자의 후기, 가격정보 등을 검색하는 행동을 포함하게 된 것이다.

또한 행동(Action) 단계에서는 검색을 통하여 정보를 찾고 비교한 해당 제품을 구입하고 사용하는 것을 의미한다. 공유(Share) 단계에서는 소비자들이 구입한 제품, 서비스에 대한 사용법, 정보 등을 게시판, 블로그 등을 통하여 공개하고 다룬 사람과 공유하는 것을 의미한다. 이렇게 공유한 정보는 다른 누군가가 검색(search)하는 단계에 있을 때 노출이 되고 그 사람에게 영향을 미치게 되는 순환 단계가 반복된다.

그림 1-3 AISAS 모델

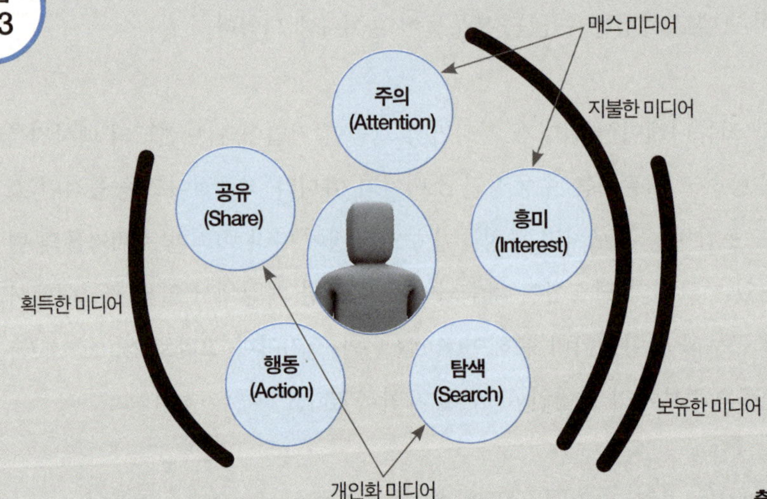

출처 : dentsu.co.jp

4) 광고와 유통의 경계 모호성

유튜브의 지주 회사인 알파벳은 유튜브의 2019년 광고 매출은 151억 5천만 달러(약 18조 원)로 나타났으며 이것은 2018년 36%, 2017년보다 86% 늘어난 금액으로 알려져 있다. 이러한 유튜브 광고 매출은 미국 메이저 방송사인 NBC의 2019년 광고 매출(약 60억 달러, 7조 원)보다 두 배 이상 많으며, CBS(약 65억 달러)는 물론 광고 매출이 50억 달러 미만인 Fox, ABC 등 다른 메이저 방송사를 모두 뛰어넘는 수준으로 알려져 있다. 이와 같이 유튜브가 급속하게 성장한 배경에는 단순한 동영상에 대한 흥미뿐만 아니라 반응형 광고의 역할이 컸던 것으로 드러났다. 반응형 광고란 브랜드 광고와 제품 리뷰 동영상에 붙여 클릭하면 바로 해당 제품을 살 수 있는 광고를 의미한다. 즉 광고와 유통의 결합을 의미한다.

그림 1-4 광고 역할의 변화

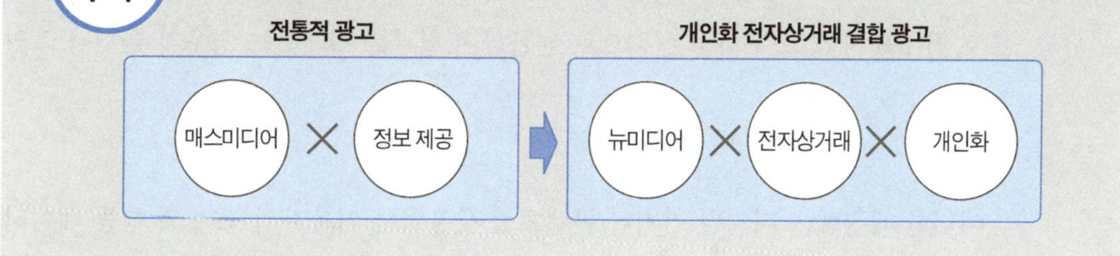

디지털 마케팅 커뮤니케이션의 경우에는 전통적 광고에서 벗어나서 전자상거래와 개인화된 마케팅 커뮤니케이션 메시지가 결합되어 전달되는 형식으로 변화하고 있다. 즉 개인의 관심사나 취향에 맞는 광고를 선별적으로 노출시키는 능동형 타깃 방식도 도입되고 있다.

모바일의 경우에는 특히 이러한 스마트 광고가 잘 적용되고 있는데 모바일의 증강

현실 및 위치기반(Location Based Service) 광고, 온라인과 모바일을 활용하여 사용자의 라이프스타일 및 생활패턴에 맞춰 노출시키는 광고(하루 시간대별 타깃 광고, 계절별 타깃 광고, 직업별 타깃 광고, 라이프스타일 밀착형 광고 등) 등으로 진화하고 있다.

5) 사회적 거래비용의 축소

전통적인 광고의 역할은 기업과 소비자들 사이에 매개되는 광고를 통해서 사회적으로 거래비용이 급속하게 줄어들게 하여 전체 사회의 효용을 증대시키는 데 있었다. 최근 들어서 이러한 역할이 스마트 광고로 이행될수록 사회 전체적으로 광고의 효과성과 효율성이 향상되어 사회적 자본낭비가 현격하게 줄어드는 것으로 나타난다.

즉 디지털 정보통신기술을 바탕으로 하는 스마트 광고로 이행될수록 비교적 명확한 광고효과를 도출할 수 있기 때문에 기업에서도 광고에 대한 지출이 비용적 성격으로 간주되지 않고 투자의 성격으로 전환하여 결과를 기대하는 경우가 늘어나고 있는 것이 사실이다.

이러한 배경에는 디지털 기기나 콘텐츠를 사용하는 이용자의 소비 및 행동 데이터를 활용하여 개인별로 차별화된 마케팅을 적용할 수 있게 되므로 제품의 판매와 고객관리의 효율성을 도모할 수 있기 때문에 가능해진 것이다. 즉 소비자 개개인에 대한 맞춤형 정보제공을 통해서 소비의 효율성을 제고하여 탐색비용(searching cost), 선별비용(choice cost)과 같은 거래비용을 축소시켜 이용자의 소비 최적화를 이룰 수 있게 된다.

또한 스마트 환경에서는 이용자가 필요로 하는 정보가 시스템적으로 선별되어 직접 전달되는 한편 디지털 기반의 광고는 대중광고에서 다루지 않았던 작은 시장이나 소규모의 브랜드들에 대한 탐색과 유통을 가능하게 하므로 롱테일 시장을 도래시키는 데 일조하게 된다.

롱테일 시장은 개별적으로는 소규모로 존재하지만 모두 합하면 매우 큰 규모의 시장으로 변화할 수 있으며 또한 이 시장은 다양한 기호와 관심을 가진 고객들을 유치할 수 있는 다품종 소량생산의 틈새시장이라는 특징이 있다. 이러한 흐름은 기존에 시장에서 소외되었던 브랜드와 제품들이 주류시장으로 이동하는 비즈니스 지형의 변화를 가져오게 되었다.

그림 1-5 롱테일 시장

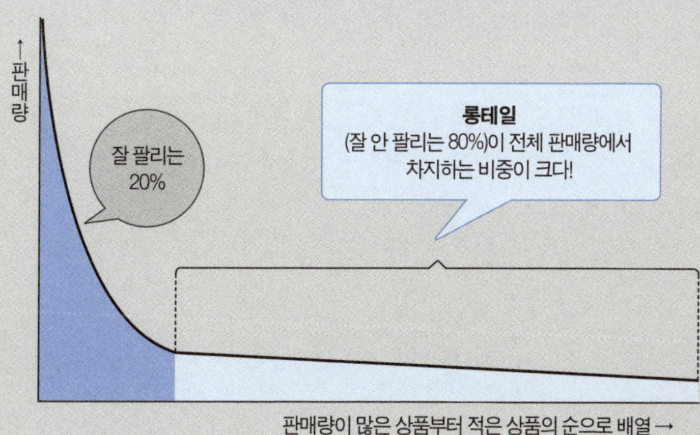

롱테일의 법칙

출처 : 크리스앤더슨, 롱테일 경제학

[참고문헌]

Merisavo, M. (2008). The interaction between digital marketing communication and customer loyalty. Helsinki School of Economics.

요코야마 류지(2011). 트리플 미디어 전략, 제일기획 역, 서울: 흐름출판사.

방송통신위원회(2018). 2018년 방송매체 이용행태 조사보고서.

크리스앤더슨(2006). 롱테일의 경제학, 서울: 랜덤하우스코리아.

제 2 장

디지털 마케팅 커뮤니케이션 발전 과정 및 역사

1. 1세대 – 디스플레이 광고(DA)

2. 2세대 – 검색 광고

3. 3세대 – 스마트 광고

| 제 2 장 |

디지털 마케팅 커뮤니케이션 발전 과정 및 역사

1994년 처음 등장한 '배너(banner)'라는 이름의 디지털 광고는 같은 시간에 같은 광고를 모두에게 노출하는 디스플레이 광고 형태였다. 이 광고는 미국의 통신 회사 AT&T가 Hotwired.com이라는 디지털 지면에 3개월간 3만 달러를 지불하고 게시하였으며, 광고 제작은 The Wonderfactory의 조 맥캠블리(Joe McCambley)가 담당하였다.

그림 2-1 최초의 인터넷 배너 광고

- **AT&T가 Hotwired에게 3개월간 $30,000 지불**
  Hotwired는 1994년에 출시된 웹매거진
- **이 광고의 CTR은 약 44%였다고 함.**
  요즘 인터넷 배너 광고의 CTR은 0.2% 전후로 알려져 있음.

광고 결과는 놀랍게도 브랜드가 전혀 표시되지 않은 사각형의 단순한 이미지를 모니터에서 본 사람 중 44%가 클릭한 것으로 나타났다.

디지털 광고 시장은 인터넷 보급률 확대에 따른 트래픽의 양적 증가에 비례하여 성장하였다. 1996년 야후가 검색 광고 서비스를 시작했으며, 1997년에는 팝업 광고가 등장하였다. 이후에 검색 광고 키워드 경매부터 구글 애드워즈(Google AdWords), 인앱(in-app) 광고 및 소셜 광고와 데이터 기반의 광고까지 디지털 광고는 지속적으로 진화해왔다. 2000년부터 시작된 검색 기반의 광고는 이용자가 검색을 하면 해당되는 키워드를 중심으로 광고가 나타나는 제한적인 타깃팅 광고였다. 이후 모바일의 보급이 본격화되면서 모바일 중심의 광고 시장으로 재편되었다. 이후에 나타난 3세대 광고는 개인의 행태를 데이터화해 분석한 뒤 맞춤형 광고를 노출시키는 것이 특징이다. 또한 이용자의 관심이 매우 높은 광고를 전달할 수 있게 되면서 광고 효율이 극대화된다는 장점이 있다.

1 1세대 – 디스플레이 광고(DA)

디스플레이 광고의 대표적인 형태는 배너 광고라고 할 수 있다. 이 형태의 온라인 광고는 앞서 설명한 것과 같이 광고 공간이 되는 웹페이지에 이미지 형태의 배너를 삽입하는 형식으로 이루어졌다. 이것은 사용자들의 클릭을 통해서 광고주 웹사이트로 트래픽을 이끌어 내기 위한 목적으로 사용되었다.

이 시기에 디지털 광고의 초기 플랫폼이라고 할 수 있는 네이버, 야후, 라이코스 등 다양한 검색엔진 사이트들이 존재하였다. 이들 포털은 다양한 정보를 전달하는 서비스를 제공함으로써 초기에 많은 사용자를 불러들일 수 있었다. 하지만 웹서버비용과 같이 초기에 자체적으로 해결해야 하는 투자가 상당히 많이 필요하여 지속적이고 확장적인 서비스를 제공하는 데는 많은 비용이 들 수밖에 없었으며, 웹사이트로 수익을 창출해야 하는 비즈니스 모델을 고민해야 하는 상황에 봉착하게 되었다.

네이버는 포털의 메인 페이지에 이미지로 된 배너 광고를 게시함으로써 이를 판매하여 수익을 창출하는 온라인 비즈니스를 시작하였으며, 이에 반해 구글은 블로그와 같은 웹페이지를 보유한 일반 인터넷 사용자들의 웹페이지에 배너 광고를 할 수 있도록 하면서 광고수익을 나눠서 지불하는 애드센스 시스템을 통하는 비즈니스 모델을 창출하였다.

이러한 모델은 온라인 서비스를 직접 사용하는 사용자에게 과금하는 것이 아니라 제3자가 지불하는 무료경제(free economics) 형태를 도입한 것이 특징이다. 이 무료경제 형태는 대표적으로 1920년대 미국에서 라디오 광고를 처음 도입한 것과 유사한 형태이다. 이 당시에 라디오를 구매하는 경우 평생 사용권을 붙여서 비싸게 판매할 것인지 아니면 광고를 유치해서 저렴하게 보급할 것인지에 대한 열띤 토론이 있었으며, 결국 광고를 도입해서 기업이 드라마 제작비를 지불하고 소비자들은 저렴하게 라디오를 구매하게 하는 것으로 결론짓게 된 것이 무료경제의 예라고 할 수 있다.

인터넷 초기 당시 배너 광고의 목표는 얼마나 많은 사람들에게 광고를 노출시킬 것인가였으며 노출이 많이 되어야 브랜드에 대한 인지도도 높아지고 부수적으로 거래도 늘어날 것이라고 판단하였기 때문이다. 하지만 대부분 사용자들의 무관심과 상대적으로 적은 인터넷 사용자로 인해서 ROI는 검색 광고 시대에 비해서 아주 낮았다.

그림 2-2 국내 디지털 광고 시장 변천 단계

1세대	2세대	3세대
불특정 다수 노출	검색 광고, 특정 타깃 노출	프로그래매틱 광고 데이터 기반 광고
효율이 낮음	효율이 높아졌지만, 한정적 타깃	고객 니즈와 행동 파악을 통한 **최대 효율**
포털 배너 광고	포털 검색 광고	다양한 플랫폼 경쟁 중

2 2세대 – 검색 광고

초고속 인터넷 보급을 통해서 포털이라는 서비스가 본격적으로 시작되었고 야후와 다음이 메일서비스, 카페서비스를 하였다. 또한 지식인으로 지식을 나누는 서비스를 진행하였던 네이버가 자리 잡기 시작하였다. 이외에도 네띠앙, MYM(마이엠), 프리첼, 파란, 신비로, 나우누리, 하나포스, 엠파스, 코리아닷컴 등 많은 포털사이트가 등장하였다. 이러한 포털사이트의 주요한 비즈니스 모델은 검색 광고를 통해서 CPM 방식의 광고수입을 올리는 것이었다. 즉 단어 하나하나 가격을 책정하여 해당되는 키워드를 입력하는 사용자들에게 검색결과를 상단에 노출시켜 주는 형태였다.

이러한 방식은 디지털 초기 형태의 타깃 광고로서 역할을 하게 되었던 것이었다. 그 결과 1세대 배너 광고보다 월등히 좋은 성과를 보여주게 되면서, 검색엔진 기업에게 많은 이익을 가져다주었다. 지금도 검색 광고는 여전히 검색엔진 기업의 수익구조의 절반 가까이 차지하는 소중한 비즈니스 모델이다. 하지만 광고주는 광고비용이 높았으며, 검색엔진에서만 노출된다는 불만도 가지게 되었다.

한편 클릭에 대한 과금 방식도 획기적으로 변화하기 시작하였다. 이 무렵 세계 최고의 포털이었던 야후는 많은 기업을 합병하기 시작하였고 이후에 라이코스도 합병되었다. 이 과정에서 야후는 인터넷과 관련된 많은 특허권을 획득하면서 세계 최초로 클릭당 과금 방식의 광고 플랫폼을 개발한 오버추어(overture)를 인수한다. 또한 2004년경부터 한국에서도 야후코리아는 오버추어코리아의 합병으로 CPC 광고 방식을 도입하게 된다. 이러한 클릭당 과금 방식을 스폰서 링크라고 불렀다.

2015년 네이버는 오버추어 플랫폼과 유사한 네이버CPC 플랫폼을 구축하였으며, 이 결과 네이버 파워링크 인벤토리가 CPC로 변화되어 현재의 클릭초이스가 되었다. 이후에 네이버가 특허소송에서 승소하여 오버추어는 입지가 좁아지게 된다.

3 3세대 – 스마트 광고

3세대 광고의 특징은 광고가 이용자 행태와 관심을 기반으로 한 빅데이터 기반 타깃 광고라는 것이다. 이를 위해서 특정 이용자나 알고리즘을 통해서 분류된 이용자를 위하여 텍스트 광고를 노출하게 되며 기존의 광고 대비 가장 높은 ROI를 나타내는 것이 특징이다. 이를 위해서 LBS(Location Based Service), AR(Augmented Reality),

그림 2-3 스마트광고의 변화

적합한 매체구매(INVENTORY BUYING)

- 전통적인 온라인 광고 구매방식
- 목표사용자보다는 게재위치 중심
- 대량의 메시지 전달에 중점
- 노출당 과금(CPM 기반), 낮은 비용효율성

→

적합한 청중 터치포인트 구매(AUDIENCE BUYING)

- 새로운 구매방식
- 사용자 행동 데이터 분석을 통한 핵심 목표 도달
- 정교하고 효율적인 타깃팅 가능
- 클릭당 과금(CPC 기반), 비용효율 높음

VR(Virtual Reality) 등과 같은 다양한 방식이 활용되고 있다.

공공데이터를 활용한 옥외광고 사례

AR기술을 이용한 광고 사례

위치기반 프로모션 사례

제 3 장

디지털 마케팅 커뮤니케이션 비즈니스의 현황과 규모

1. 전 세계의 온라인 비즈니스 현황과 규모

2. 한국의 온라인 비즈니스 현황과 규모

| 제 3 장 |

디지털 마케팅 커뮤니케이션 비즈니스의 현황과 규모

1 전 세계의 온라인 비즈니스 현황과 규모

전 세계 디지털 광고의 규모는 2020년 3,330억 달러, 2021년 3,890억 달러, 2022년 4,410억 달러, 2023년 4,850억 달러, 2024년도에는 5,260억 달러로 늘어날 것으로 예상된다(eMarketer, 2020). 시장 성장 전망치는 2020년 다소 주춤한 성장을 하는 2.4%로 나타나지만 이후 2021년에는 17%, 2022년에는 13%, 2023년에는 10%로 각각 나타나 매우 높은 산업의 성장성이 있는 것으로 전망된다.

전 세계 모바일 광고 시장의 규모 역시 급속히 성장하여 2020년이 지나면서 PC 온라인 광고 시장의 두 배인 1,800억 달러 규모로 성장할 것으로 예측된다. 한편 국가별로 보면 이미 중국, 영국, 노르웨이를 비롯한 국가들의 각 국가별 전체 광고비 중에서 디지털 광고비가 차지하는 비중이 60%가 넘는 것으로 나타나고 있다(eMarketer, 2019).

미국 인터넷 광고 협의회 IAB(Interactive Advertising Bureau)와 프라이스워터하우스쿠

그림 3-1 디지털 광고 비용(2019-2024)

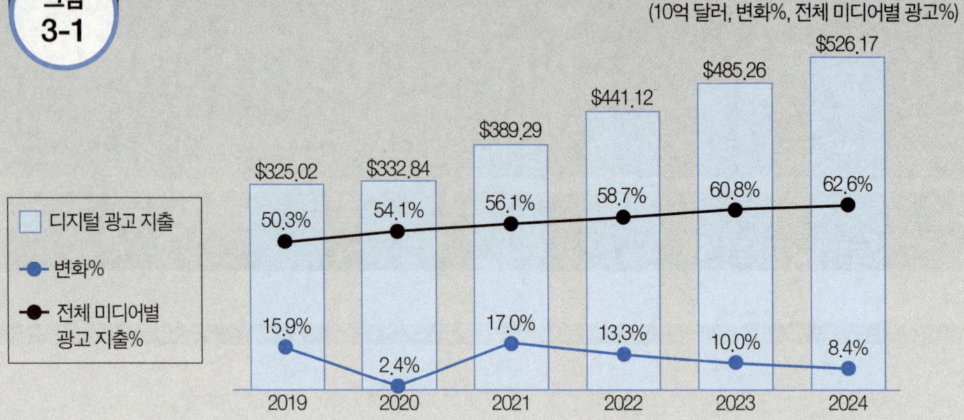

출처 : www.eMarketer.com

표 3-1 디지털 광고가 50% 이상 차지하는 국가(2019)

(각국 미디어별 광고비 지출에서 차지하는 %)

국가	2018	2019
중국	65.3%	69.5%
영국	63.8%	66.4%
노르웨이	61.7%	65.5%
아일랜드	58.8%	62.6%
덴마크	57.8%	61.1%
스웨덴	56.3%	60.3%
오스트레일리아	55.6%	57.1%
미국	48.6%	54.2%
뉴질랜드	51.8%	54.0%
캐나다	50.2%	53.5%
네덜란드	47.8%	52.6%
러시아	45.1%	50.0%

출처 : www.eMarketer.com

퍼스(PwC)가 공동으로 작성한 새로운 보고서에 따르면, 2016년은 디지털 광고 시장이 전통적인 TV 광고 시장을 넘어서는 획기적인 해로서 디지털 광고 산업의 선두 산업으로 자리매김한 것으로 나타난다. 미국의 디지털 광고 시장은 2016년 약 22% 증가한 725억 달러를 기록해 8년 연속 큰 성과를 거뒀다. eMarketer에 따르면 TV 광고는 지난해 미국에서 713억 달러였으며 2017년에 15.9% 성장한 830억 달러를 기록할 것으로 예측하면서 이러한 추세가 계속될 것으로 전망했다.

2 한국의 온라인 비즈니스 현황과 규모

제일기획 연감을 바탕으로 살펴보면 2019년의 국내 광고 시장은 온라인 미디어를 중심으로 급속히 성장하였다. 디지털 광고 시장은 전년 대비 15% 성장하였으며, 사상 처음으로 5조 원을 넘어서 1년 만에 1조 원이 성장하는 추세를 나타냈다. 또한 디지털의 비중도 급속하게 증가하여 전체 광고 시장에서 디지털이 차지하는 비중도 2018년 37.5%에서 42.2%로 높아졌다. 이러한 성장의 배경에는 정보통신기술의 발전에 따른 통신망의 발전이 있다고도 할 수 있다. 즉 5G 기술도입으로 단시간에 고품질의 데이터 전송이 가능해짐에 따라 동영상 광고가 폭발적으로 증가하였다.

이러한 온라인 디지털미디어의 강세에서도 모바일 광고 시장 성장이 두드러진다. 모바일 부문은 전체 매체 중 성장률이 17.2%로 가장 높게 기록되었으며 전체 모바일 부문의 광고비는 3조 2,824억 원으로 나타난다. PC 인터넷을 통한 광고 부문도 2019년 11.2%가 성장하여 1조 7,708억 원을 기록하였다. 이는 PC 인터넷을 통한 전자상거래 부문 광고주의 지속적인 유입 등으로 인해 검색 광고와 노출형 광고가 각각 7.9%, 16.6% 성장하였다. 현재와 같은 추세라면 모바일 부문의 광고비는 지속적으로 성장할 것으로 예상된다.

표 3-2 **2017-2019년 매체별 총 광고비**

(단위 : 억 원, %)

구분	매체	광고비(억 원)			성장률(%)		구성비(%)	
		2017	2018	2019(F)	2018	2019(F)	2018	2019(F)
방송	지상파TV	15,313	14,425	14,700	−5.8	1.9	12.3	11.9
	라디오	2,777	2,503	2,480	−9.9	−0.9	2.1	2
	케이블/종편	18,455	19,632	20,524	6.4	4.5	16.8	16.6
	IPTV	994	1,163	1,307	17	12.4	1	1.1
	위성, DMB 등 기타	2,003	1,913	1,843	−4.5	−3.7	1.6	1.5
	방송 계	39,542	39,636	40,854	0.2	3.1	33.9	33
인쇄	신문	14,370	14,294	14,250	−0.5	−0.3	12.2	11.5
	잡지	3,437	3,082	2,900	−10.3	−5.9	2.6	2.3
	인쇄 계	17,807	17,376	17,150	−2.4	−1.3	14.8	13.8
디지털	PC	16,245	15,924	15,660	−2	−1.7	13.6	12.6
	모바일	22,157	28,011	33,260	26.4	18.7	23.9	26.9
	디지털 계	38,042	43,935	48,920	14.4	11.3	37.5	39.5
OOH	옥외	3,392	3,255	3,400	−4	4.5	2.8	2.7
	극장	2,280	2,213	2,300	−2.9	3.9	1.9	1.9
	교통	4,352	4,874	5,000	12	2.6	4.2	4
	OOH 계	10,024	10,342	10,700	3.2	3.5	8.8	8.7
제작		6,072	5,731	6,075	−5.6	6	4.9	4.9
총계		111,847	117,020	123,699	4.6	5.7	100	100

출처 : 제일기획 연감

PART Ⅱ

디지털 마케팅 커뮤니케이션 비즈니스

제 4 장

디지털 마케팅 커뮤니케이션 비즈니스의 주요한 플레이어

1. 온라인 광고대행사
2. 매체사
3. 미디어렙
4. 대행사, 매체사 및 미디어렙의 수수료 정산구조
5. 디지털대행사의 직군과 역할

| 제 4 장 |

디지털 마케팅 커뮤니케이션 비즈니스의 주요한 플레이어

디지털 마케팅 커뮤니케이션 비즈니스에 참가하는 주요한 플레이어로는 매체사, 대행사 그리고 미디어렙사 등을 들 수 있다.

그림 4-1 디지털 광고 산업의 Player

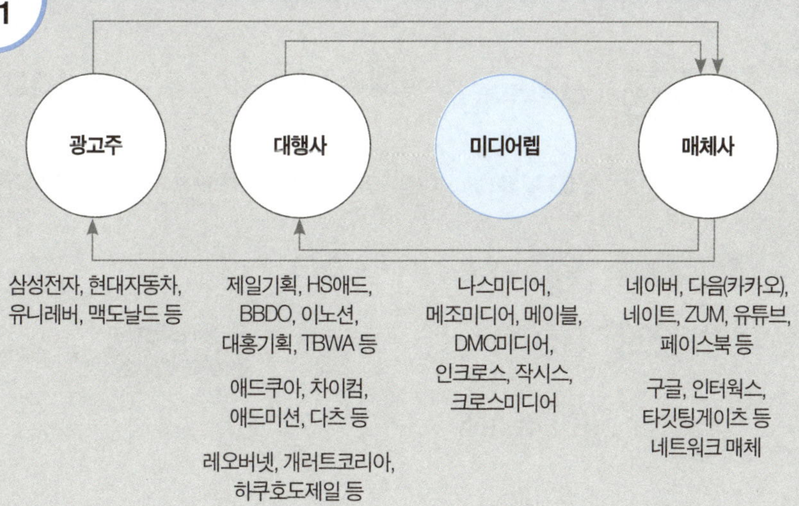

1 온라인 광고대행사

국내의 온라인 광고대행사 또는 디지털 광고대행사는 종합 광고대행사와는 달리 대부분의 영업 비중을 온라인과 관련된 비즈니스에 초점을 둔 광고대행사들로 구성된다. 이들 회사는 주요 매체사인 네이버, 다음카카오, 페이스북, 인스타그램 등을 포함한 다양한 매체사 및 미디어렙사와 거래를 하며 광고운영을 진행하게 된다. 이외에도 회사에 따라서 광고주의 파워콘텐츠나 블로그 등도 직접 운영해주는 회사도 있다.

온라인 광고대행사마다 차이가 있지만 동영상콘텐츠를 직접 제작하는 부서를 운영하는 기업도 있으며, 온라인 이벤트 기획, 프로모션 등을 직접 진행하기도 한다. 대표적인 온라인 광고대행사는 그림 4-2와 같다.

그림 4-2 온라인 광고대행사

최근에 급속하게 성장하고 있는 DMC 분야에서 전통적인 컨설팅 회사들이 광고 산업에서 급속하게 성장하고 있으며 글로벌 광고 산업 순위에서 컨설팅 회사들은 5~10위에 자리하고 있다.

대표 기업으로 액센츄어(Accenture)를 들 수 있다 이 회사는 전체 매출 51조 원 중 광고 담당 자회사를 포함한 매출 비중이 20% 이상으로 구성되어 있으며, 최근에는 디지털 부분에 강점이 있는 독립 광고대행사 드로가5(Droga5)를 인수하였다. 글로벌 광고대행사 JWT도 분더만(Wundermann)을 합병하였으며, 분더만은 자회사로 액셀러레이션(Acceleration), 코그니파이드(Cognifide), 미룸(Mirum), VML 등 다수의 디지털 관련 에이전시를 보유하고 있는 기업이다.

Adage(2020)에 따르면 디지털 관련 대행사의 글로벌 순서는 Accenture Interactive, Deloitte Digital, PWC Digital Service, Publicis Sapient, Wunderman Thompson, Epslion, Havas Creative, Ogilvy로 나타난다.

2 매체사

매체사는 표현 그대로 매체를 보유하고 있는 회사들을 의미한다. 즉 광고를 게시할 수 있는 공간 및 시간을 광고주에게 제공하며 그 대가로 수익을 창출하는 기업이다. 한국의 대표적인 디지털 매체사로는 네이버, 다음카카오, 구글, 페이스북 등이 해당된다.

매체사는 주로 디지털 광고대행사들이 업무를 효과적 내지 효율적으로 운영할 수 있도록 다양하고 개선된 플랫폼을 제공하여 경쟁하는 것이 특징이다. 또한 네이버와 같은 매체사들은 회사의 광고를 판매해 주는 직대행사들을 선정하고 운영함으로써 효율적인 판매를 도모하기도 한다.

그림 4-3 대표적인 디지털 매체사

3 미디어렙

미디어렙(Media Rep.)사는 미디어(Media)와 레프리젠터티브(Representative)를 줄인 단어로 매체사의 광고를 위탁받아 온라인 광고대행사 또는 광고주에게 광고시간대와 공간을 판매하는 업무를 담당하는 회사이다. 미디어렙사는 단순한 매체시간대 판매 대행뿐만 아니라 미디어전략 구축, 미디어믹스, 미디어세팅과 같은 미디어와 관련된 업무를 담당한다.

예를 들어서 광고주가 배너 광고를 고려하고 있다면, 온라인 광고대행사가 전달하여 광고대행사는 계약된 미디어렙사를 통해서 책정된 광고예산에 맞도록 배너를 게시할 수 있는 시간대, 가격 등의 조건을 확인하고 피드백을 광고대행사에 주게 되며, 광고대행사 담당자는 광고주와 협의 후 결정하는 구조를 가지게 된다. 주요한 온라인 미디어렙사로는 나스미디어, 메조미디어, DMC, 인크로스, 크로스미디어, M2digital 등이 있다.

그림 4-4 대표적인 온라인 미디어렙사

그림 4-5 온라인 미디어렙 주요 업무 1

미디어렙과 광고대행사의 업무는 ① 제안요청서(RFP : Request For Proposal) 작성 및 전달, ② 매체 기획 및 제안, ③ 광고 게재 및 송출, ④ 캠페인 운영, ⑤ 효과 리포팅으로 구분할 수 있다.

미디어렙은 광고대행사에게 RFP를 작성하고 전달하면서 해결할 수 있는 업무에 대해서 설명하는데 이때 브랜드에 대한 정보와 캠페인 목표, 목적, 캠페인 기간 및 예산을 전달하게 된다. 매체기획 및 제안 부분은 RFP에 근거한 제안서를 작성하고, 매체, 제품, 트렌드, 경쟁사 현황 분석을 하는 것이다. 다음으로 광고 게재 및 송출을 하고 캠페인을 운영하는데 캠페인 운영 과정에서 광고가 노출되었는지 확인하고 그에 대한 리포팅 및 관리를 한다. 마지막으로 캠페인 집계 결과를 리포팅하게 되며 캠페인의 효과를 광고대행사에게 보고하게 된다.

그림 4-6 온라인 미디어렙 주요 업무 2

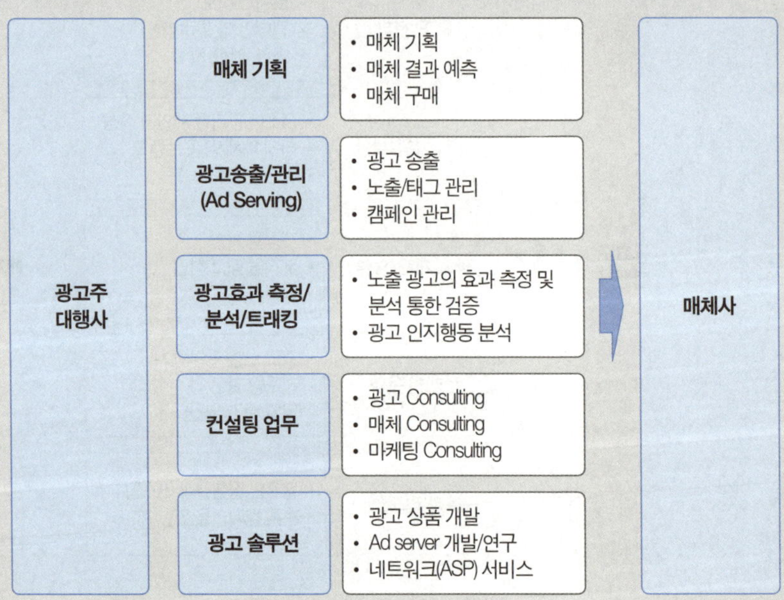

미디어렙과 매체사 간의 업무내용은 매체 기획, 광고 송출 및 관리, 광고효과 측정 및 분석 트래킹, (광고, 매체, 마케팅) 컨설팅, 광고 솔루션 등 5가지로 정리할 수 있다. 먼저 매체 기획 부분에서는 매체를 기획하고, 매체 결과를 예측하여 그에 따른 매체 구매를 한다. 광고 송출 관리 단계에서는 광고를 송출하고 광고 노출을 확인하여 태그 관리를 하면서 전체적 캠페인을 관리한다. 광고효과 측정 및 분석에서는 측정 및 분석을 통한 검증을 하고 사용자들의 광고 인지 및 행동을 분석한다. 컨설팅 업무 부분에서는 광고매체 마케팅 컨설팅을 하며, 광고 솔루션 부문에서는 광고 상품을 개발하고 애드 서버를 개발 및 연구를 한다.

4 대행사, 매체사 및 미디어렙의 수수료 정산구조

검색 광고대행사의 비즈니스 모델은 전통적인 광고대행사의 수익구조와 마찬가지로 광고를 집행하면 광고주로부터 수수료를 받는 구조가 아니라 매체사로부터 광고비의 일부를 수수료(커미션)로 받는 구조이다. 즉 매체사의 입장에서는 광고대행사가 매체사의 영업을 대신 담당한 것을 인정하여 집행한 광고비의 일부를 수수료로 지급하는 것이다. 이는 디지털 광고 초기의 수수료 계약이 전통적인 광고대행사의 수수료구조로부터 영향을 받았다고 할 수 있다.

네이버의 경우 공식대행사에게 15% 수준으로 수수료를 지급하고 있다. 즉 만일 광고주가 1억 원의 광고비용을 지출하게 되면 15%인 1,500만 원은 수수료로 지급하고, 나머지 8,500만 원은 매체사의 순 매체비로 지급되는 것이다. 전체 광고비 대비 수수료율은 15%이지만 순 매체비 대비 수수료율은 1,500만 원/8,500만 원 = 17.65%로 나타난다.

광고주가 광고대행사에 온라인 광고를 맡기는 대가로 전체 예산의 30%를 수수료를 제공하는 것이 일반적이며, 온라인대행사는 미디어렙사와 20:10의 비율로 나누게 된다. 예를 들면 광고주가 10억 원의 광고예산을 책정하고 광고대행사에게 의뢰를 하면 전체 광고 비중에서 광고대행사는 2억 원, 매체사는 7억 원 그리고 미디어렙사는 1억 원의 수익을 얻는 구조로 이루어진다.

그림 4-7 을 토대로 좀 더 자세히 설명하면 다음과 같다.

① 광고주가 매체비로 100을 광고대행사에 지급하면 동일한 금액이 미디어렙과 매체사에 전달된다. 매체사는 그 대가로 수수료를 광고대행사에 지급하는데 규모는 매체비의 10~20% 수준이며, 미디어렙 수수료는 매체사와 협의를 통해 결정된다. 통상 광고대행사의 대행수수료와 동일하거나 5~10% 낮은 수준에서 결정된다.

② 대행사와 매체사가 직거래하는 경우(미디어렙을 통하지 않는 경우) 미디어렙 수수료는 매체사의 수익이 되며, 대행수수료는 동일하게 지급된다.

③ 광고주가 직접 매체사와 직거래로 진행해도 매체비는 100% 지급되어야 하며, 대행수수료는 광고주에게 제공되지 않기 때문에 광고주는 동일한 비용으로 광고대행사와 미디어렙의 서비스를 받는 것이 양질의 서비스를 동일한 금액으로 받을 수 있다는 측면에서 유리하다.

간혹 광고주나 광고대행사가 매체사와 직접 거래하고, 할인 또는 추가 지면 서비스를 요구하는 경우들이 있으나, 매체사는 대행사와 미디어렙과의 타 광고주 영업 관계 악화와 직접적인 클라이언트 응대에 따른 인력 추가 투여 가능성 등의 이유로 직거래를 지양한다.

그림 4-7 광고주-대행사-미디어렙-매체사 수수료 구조

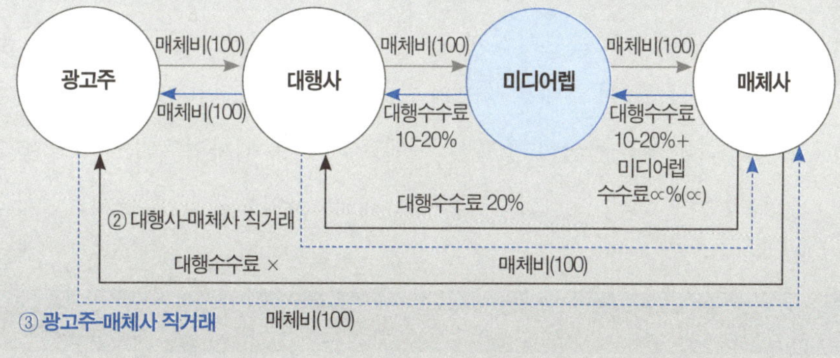

5 디지털대행사의 직군과 역할

광고 기획부문의 경우에는 캠페인 디렉터(CD), 기획(AE) 그리고 웹 기획자로 나눌 수 있다. 캠페인 디렉터(CD)는 전체 캠페인을 사실상 진두지휘하는 직책으로서 일반적으로 본부장의 직급을 맡게 되지만 회사에 따라서는 팀장급도 가능하다. 캠페인 디렉터(CD)는 캠페인 설계와 담당 스태프를 구성하고 부서 내의 AE팀을 통해서 업무를 진행하며, 제작 및 미디어 집행을 전체적으로 기획한다. 웹 기획자는 웹사이트를 제작하거나 운영할 때 설계 및 운영을 하게 된다.

키워드 담당직책이 있는 대행사의 경우에는 키워드 담당부서에서 검색 광고의 기획과 제안을 담당하고, 키워드 광고 운영은 오퍼레이터가 실행부문을 담당한다. 제작의 경우에는 제작총괄 담당인 ECD(Executive Creative Director, 제작전문임원으로서 크리에이티브 부서를 총괄하는 업무를 수행하는 직책)가 있으며, 구성원으로서 CD(Creative Director), 카피라이터(copy writer), 웹디자이너(Web designer), 3D 이펙터(3D effector), 프로듀서(Producer)로 구성된다.

ECD는 전체적으로 캠페인 제작을 지휘하지만 CD는 실질적으로 제작을 총괄하며, 카피라이터는 표현 그대로 광고의 카피를 담당하고, 웹디자이너는 이러한 저작물들을 운영하는 온라인상의 광고 및 이벤트 페이지, 웹사이트의 플래시 비주얼 디자인을 담당한다. 3D효과 담당인 3D 이펙터는 웹사이트에 3D효과를 담당하고 프로듀서

표 4-1 Digital Agency 직군과 역할

	직군명	설명	유사용어	비고
광고 기획자	Campaign Director	광고주의 Needs에 맞는 캠페인 설계와 담당 스태프 구성, 제작 및 미디어 집행 기획	–	캠페인 책임자 (국장, 팀장 급)
	AE(Account Executive)		Campaign Planner	실무(차장~사원)
	Web 기획자	웹사이트 제작 시 설계 및 운영	–	–
키워드	AE(키워드 담당)	키워드 광고(Search AD)의 기획 및 제안	–	–
	Operator	키워드 광고 운영(비딩, T&D 작성 등)	–	–
제작	ECD	제작 총괄 임원(필요시)	–	–
	Creative Director	캠페인 내 제작물의 총 책임자	–	팀장급
	Copywriter	광고 및 사이트 문구 작성	–	–
	Web Designer	광고 및 이벤트 페이지, 웹사이트의 플래시/비주얼/디자인 담당	Graphic Designer/ Art Director	–
	3D Effector	3D효과 비주얼 제작 참여	–	–
	Producer	광고 영상 제작 담당(필요시)	–	–
개발	Programmer	웹사이트 등 디지털 구동 프로그램 개발	개발자(개발팀 내 담당제로 운영)	–
	Flasher	플래시 페이지 내 세부적인 동작 설계	–	–
	UI Designer	모바일 등 유저 인터페이스 디자인	JX Designer (유저 체험 디자인)	–
Media	Media Planner	온라인 내에서는 플래너/바이어 역할을 동시 수행(미디어렙사 내 직군)	–	–

는 필요시에 광고동영상 제작을 담당한다.

그리고 또 다른 부서로서 개발 부서를 들 수 있다. 개발 부서에는 프로그램 담당자인 프로그래머(programmer)와 페이지 내에서 동작을 담당하는 플래시 애니메이션을 설계하고 유지하는 플래셔(Flasher)가 있다. 또한 UI 디자이너(UI designer)는 특히 모바일 등 사용자 인터페이스 디자인 등을 담당하며, 미디어 플래너는 온라인에서 미디어전략을 담당하면서 플래닝과 바이어 역할을 동시에 수행한다.

전체적으로 일반적인 디지털 광고대행사의 업무 흐름과 연관성은 그림 4-8과 같다. 하지만 디지털 광고대행사의 특성과 규모에 따라 해당되는 부서를 외주 처리해

그림 4-8 Digital Agency 업무 프로세스

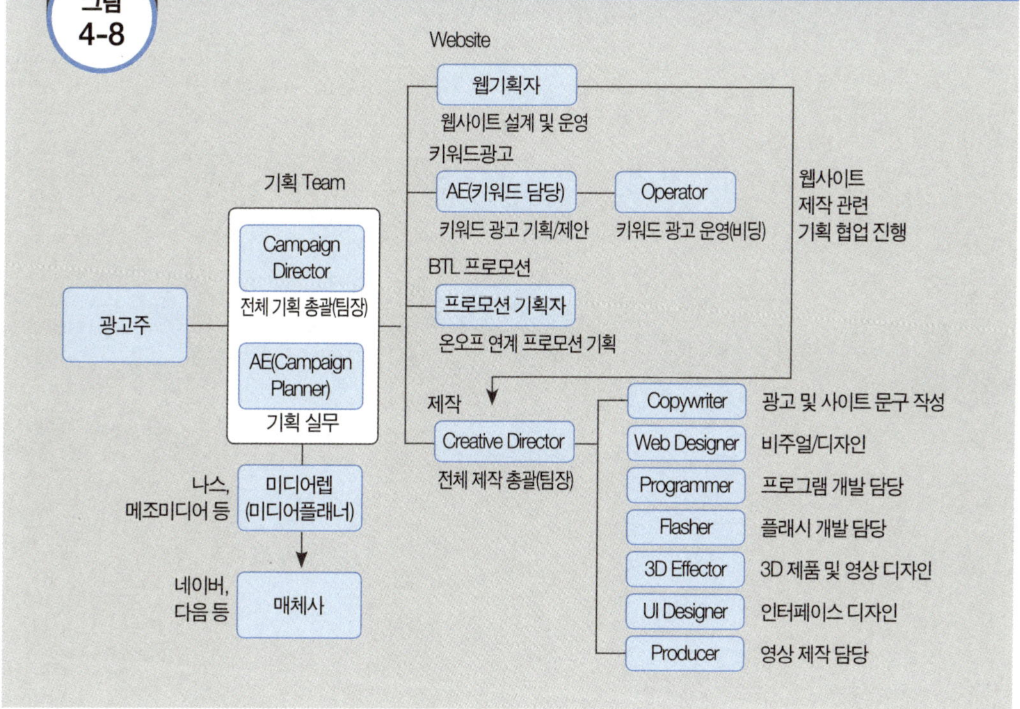

서 유지할 수도 있으며, 특정 기능이 더 필요한 경우에는 회사 내에서 유지하는 경우도 있다.

제 5 장

디지털 마케팅 커뮤니케이션과 애드테크(Adtech)/마테크(Martech)

| 제 5 장 |

디지털 마케팅 커뮤니케이션과 애드테크(Adtech)/마테크(Martech)

대부분 광고주들은 광고를 집행할 때 가능한 한 많은 청중소비자들에게 광고 메시지가 노출되기를 원하지만, 그중에서도 정확한 타깃팅을 통한 특정 제품을 구매할 수 있는 목표소비자 내지는 가망소비자(prospects)를 목표로 광고 집행을 하게 된다. 이러한 방식은 전통적인 광고에서도 마찬가지로 사용되었으며 S-T-P(Segmentation-Targeting-Positioning)라는 방식으로 시도했다. 이 과정에서 광고주는 주로 광고대행사를 통해서 광고 메시지를 전달했고, 광고대행사 역시 주로 TV를 비롯한 매스미디어를 활용해서 메시지를 전달했기 때문에 광고주(대행사)와 매체 및 매체와 소비자 간의 커뮤니케이션은 일방적이었으며 일대다의 커뮤니케이션 상황이었다.

하지만 최근에는 20~30년 전과 비교할 때 엄청나게 다양한 매체가 등장하였으며 이를 중개하는 많은 디지털 중개기업들(intermediaries)이 등장하였고 이와 같은 디지털 생태계를 둘러싼 커뮤니케이션의 빈도는 급증하게 되었다. 즉 광고주 및 디지털 광고대행사, 매체인 퍼블리셔와 퍼블리셔를 둘러싸고 있는 다양한 기관들 간에 엄청난 양의 커뮤니케이션이 발생하고 있는 상황이다. 이와 같이 수많은 트래픽이 발생되는 디지털 광고 캠페인을 이전과 같은 수작업으로 하나하나 계약하고 거래하는 것도 사실상 불가능에 가깝다. 따라서 이와 같이 복잡다단한 디지털 광고생태계를 효과적 및 효율적으로 운용하고 유지시키기 위한 기술 플랫폼을 애드테크(Adtech)라고 할 수 있다.

광고(advertising)와 기술(technology)이 합쳐진 애드테크는 다음과 같은 몇 가지 특징을 지니고 있다. 첫째, 디지털 캠페인을 진행하는 과정에서 다양한 데이터를 바탕으로 정교한 광고를 집행하기 때문에 불특정 다수의 청중에게 광고를 노출시켰던 기존 광고보다는 훨씬 효과성과 효율성이 높다. 즉 광고를 집행하는 과정에서 자동화된 프로그램을 통한 프로그래매틱(programatic) 광고의 실시간 경매(realtime bidding)를 거쳐서 브랜드에 적확한 목표 소비자인 미디어 사용자에게 적시(right time)에 노출을 시키는 것이 가능해졌다.

둘째, 애드테크의 네트워크 역할로 인해서 지역의 한계성을 뛰어넘는 미디어 바잉이 용이하다. 국내 주요 언론 매체의 온라인 웹사이트나 특정 커뮤니티의 광고 지면을 한자리에서 구매할 수 있을 뿐만 아니라, 미국의 CNN, Adweek, New York Times, Mashable 등과 같은 해외 웹사이트 광고 지면도 비교적 손쉽게 구매할 수 있다.

이러한 배경에는 디지털 광고 생태계가 광고 공간과 시간을 요구하는 수요 플랫폼과 공간과 시간을 제공하는 공급 플랫폼, 그리고 이러한 교환을 원활하게 해주는 교환 관련 플랫폼이 구성되어 있고, 이들을 좀 더 정교하게 움직이게 만들고 데이터를 저장하는 프로그래매틱 광고 관련 플랫폼들이 존재하기 때문이다.

eMarketer에 따르면 2012년경부터 유럽과 미국에 도입된 프로그래매틱 광고는 미국의 경우 2020년 680억 달러 규모의 시장을 형성하고 있으며, 2021년의 경우에는

861억 달러 규모의 시장을 형성하는 것으로 나타난다.

그림 5-1 미국의 프로그래매틱 디스플레이 광고 지출 추이(2016-2021)

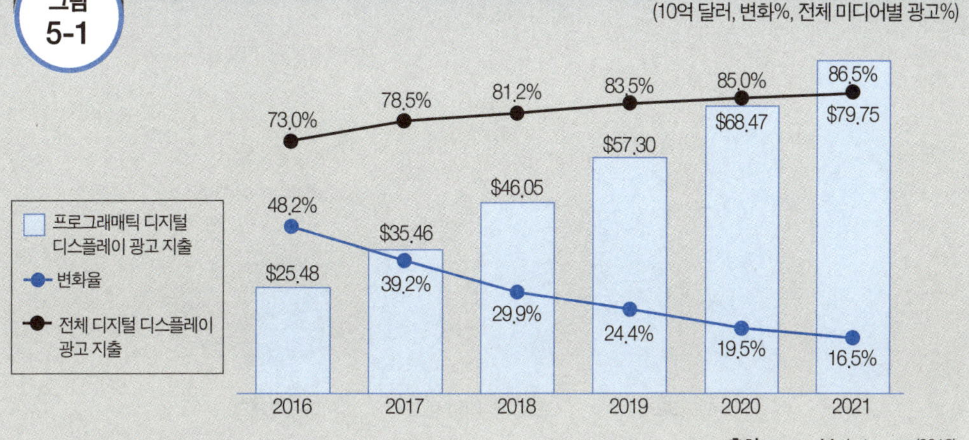

출처 : www.eMarketer.com(2019)

한국의 경우에는 온라인 광고협회 자료에 따르면 2020년에는 5G, AI, 빅데이터 등 4차 산업의 고도화에 힘입어 온라인 광고가 성장세를 지속하면서 시장 규모가 약 7조 7천억 원으로 증가, 전체 광고 시장의 절반 이상을 차지하면서 국내 광고 시장을 견인할 것으로 전망했다. 하지만 한국의 프로그래매틱 광고의 디지털 광고 점유율은 20%가 되지 않는 것으로 추론된다.

마케팅테크(Martech)의 영역은 디지털 콘텐츠 생성, 업무체계 관리, 고객 데이터 수집 및 분석과 같은 마케팅 프로세스를 관리하는 데 사용되는 분야가 해당되며 애드테크를 포함하여 설명하는 경우도 있다.

그림 5-2 에드테크와 마케팅테크 관계

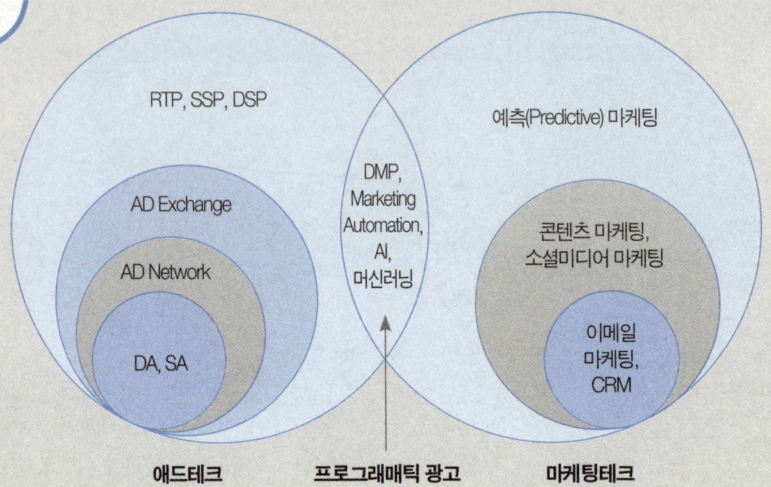

Chiefmartec.com의 스캇 브링커(Scott Brinker)는 〈Marketing Technology Landscape〉을 매년 발표하고 있으며 관련된 기업들을 일목요연하게 정리하여 제공한다. 2020년 버전에서는 2019년 대비 13.6% 증가해서 8천 개 이상의 마케팅 솔루션 기업이 존재하는 것으로 나타난다. 가장 빠르게 성장하는 부분이 데이터 부분으로 25.5%의 성장을 한 것으로 나타나며, 관리가 15.2%, 소셜/관계(relationship) 부분이 13.7%, 커머스/세일즈 부분이 9%, 콘텐츠/경험 부분이 5.6%, 광고/프로모션 부분이 4.1%로 나타난다. 이 집계에서는 마케팅테크를 큰 시각으로 확장하여 광고 및 프로모션 관련된 부분도 포함하여 설명하는 것이 특징이다.

landscape

제 6 장

프로그래매틱 광고 산업의 생태계

1. 프로그래매틱 바잉(Programmatic Buying)
2. 광고주(Advertiser)의 역할
3. 광고대행사(Ad Agency)의 역할
4. 애드서버(Ad Server)의 역할
5. 애드네트워크(Ad Network)의 역할
6. 애드익스체인지(Ad Exchange)의 역할
7. DSP(Demand Side Platform)의 역할
8. DMP(Data Management Platform)의 역할
9. SSP(Supply Side Platform)의 역할

| 제 6 장 |

프로그래매틱 광고 산업의 생태계

1 프로그래매틱 바잉(Programmatic Buying)

디지털 광고인벤토리 구매는 대부분 프로그램을 통해서 자동으로 이루어지며, 이러한 모바일을 포함한 디지털 환경에서 특정 광고가 적정한 사용자에게 노출되기까지 광고인벤토리 구매 및 판매 과정의 최적화를 프로그램으로 자동화한 방식을 프로그래매틱 바잉이라 한다. 즉 프로그래매틱 바잉은 적확한 목표 소비자에게 광고를

그림 6-1 프로그래매틱 광고 산업구조

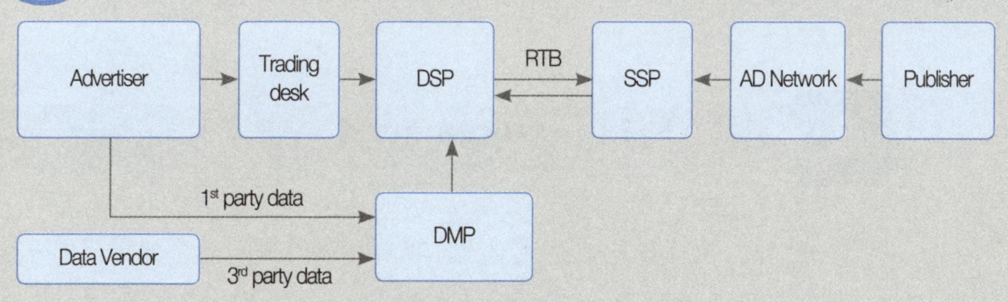

노출하고 싶은 광고주의 요구와 가능한 높은 광고 판매 수익을 원하는 퍼블리셔(광고 매체사)의 요구를 동시에 반영하는 시스템이라고 할 수 있다.

2 광고주(Advertiser)의 역할

최근 광고주들은 온라인 매체가 증가함에 따라서 다소 광고예산이 적다고 하더라도 이러한 매체를 활용하여 광고를 할 수 있는 기회가 늘어나게 되었다. 특히 기존에 4대 매체는 광고비 문제로 접근하지 못했던 중소기업 및 개인사업자들도 광고를 집행할 수 있게 되었다. 또한 온라인 광고는 투자대비수익(ROI)이 곧바로 파악되므로 적은 예산이라고 하더라도 효율성이 매우 높다고 판단하게 된다. 이러한 중소형 광고주들은 소위 직거래라는 방식으로 퍼블리셔에게 바로 연락해서 광고를 집행하거나 퍼블리셔와 계약되어 있는 애드네트워크사로 연락하여 광고를 진행한다.

여기서 퍼블리셔(Publisher)는 홈페이지, 게임, 앱과 같이 광고를 게시할 수 있는 공간을 제공하는 회사나 개인을 모두 포함하는 의미로 사용된다. 퍼블리셔는 인터넷신문에서부터 블로그까지 다양한 종류가 있으며 이들은 양질의 콘텐츠를 제작하여 사용자들을 결집시키는 역할을 한다. 이러한 퍼블리셔(매체사)가 판매할 수 있는 광고 지면(공간 및 시간)을 인벤토리(Inventory)라고 한다.

3 광고대행사(Ad Agency)의 역할

광고대행사는 광고 목표와 전체 캠페인의 기획 그리고 제작과 매체 구매까지 포함하는 업무를 담당한다. 광고 목표는 광고주와 같이 설정하거나 이미 광고주가 설정한 목표를 수행하는 작업을 구상하게 된다. 또한 온라인 광고의 제작은 광고주가 자체적으로도 진행할 수 있지만, 애니메이션 작업과 같은 고난도 작업이 포함되는 경우에는 광고대행사나 제작외주를 통해서 해결하기도 한다.

광고매체에 대한 플래닝과 구매 역시 온라인 광고대행사의 주요한 기능 중 하나이며 이를 통해서 광고주가 지향하는 캠페인 목표를 달성할 수 있도록 효과적이고 효율적인 매체를 선택하고 구매하여 집행한다. 또한 집행 이후에 성과를 측정하여 광고주에게 리포트를 하게 된다.

4 애드서버(Ad Server)의 역할

1990년대 중반부터 시작된 인터넷 시대에서 퍼블리셔들은 앞서 설명한 배너 광고와 같은 이미지 광고들을 홈페이지에 게시하는 수정 작업을 수작업으로 진행하여야 하였다. 이와 같은 업무 방식은 광고주가 요구할 때마다 수정 작업을 매번 거쳐야 하는 업무의 어려움이 있었으며 이러한 번거로움 때문에 배너 광고의 변경으로 얻을 수 있는 수익마저 놓치는 경우가 발생하였다. 또한 점차 광고주가 많아짐에 따라서 업무량이 늘어나고 접촉해야 하는 커뮤니케이션 횟수도 기하급수적으로 늘게 되었다.

이러한 문제점을 해결하기 위해서 광고주가 직접적으로 접근 가능한 영역을 만들어서 링크시키는 방법이 채택되기 시작하였다. 이러한 방식을 통해서 조직 간의 커뮤니케이션 없이도 자동으로 해당 광고 공간에 송출하여 광고를 게재할 수 있을 뿐 아니라 시간별로도 로테이션이 가능하게 되며 시간대별로 다양한 광고주를 유치하여 추가적인 수익을 올릴 수 있는 기회도 가질 수 있게 되었다.

그림 6-2 퍼블리셔와 애드서버 관계

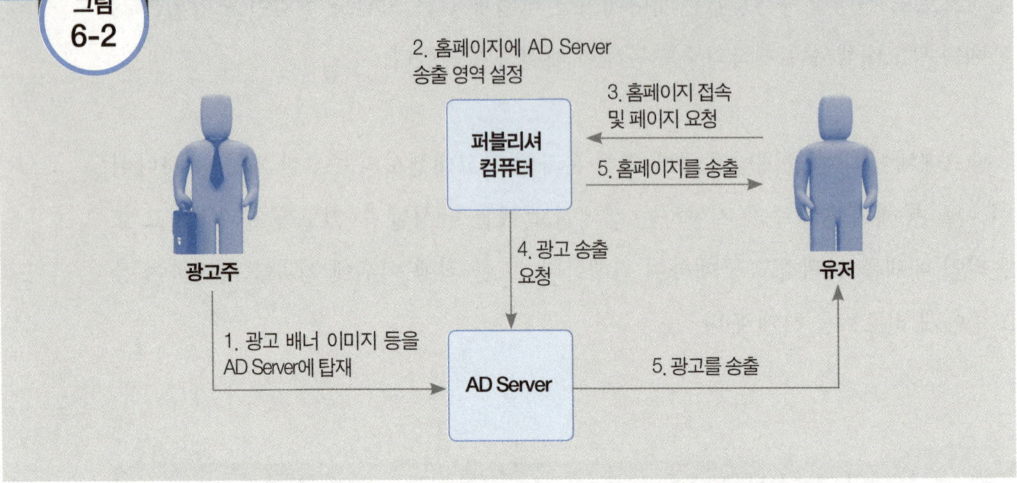

그림 6-3 광고주와 애드서버 관계

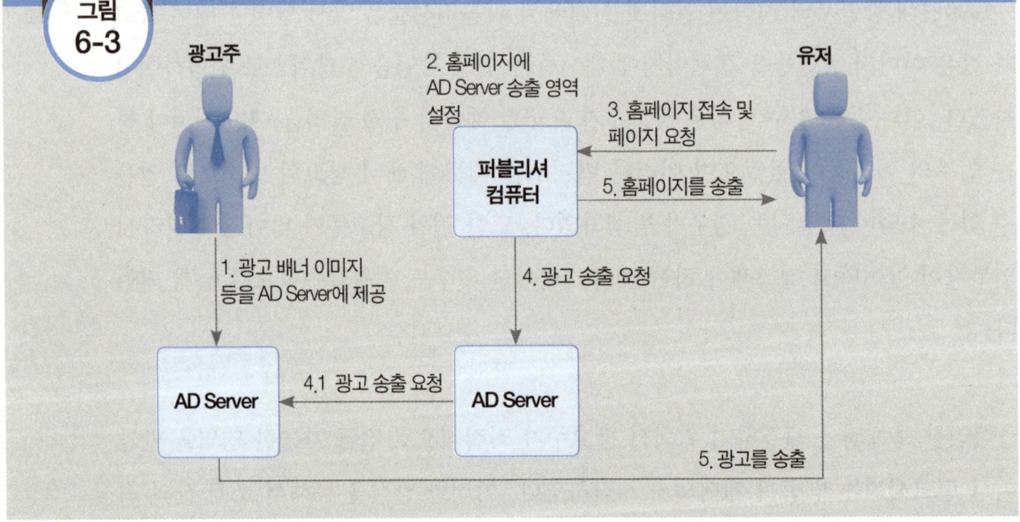

이와 같이 애드서버를 통해서 퍼블리셔의 광고인벤토리를 수월하게 관리할 수 있게 됐으며, 이러한 기능을 제공하는 애드서버는 광고비의 일부를 퍼블리셔로부터의

커미션 형태로 수익을 창출하였다.

한편 광고주의 입장에서도 캠페인 작업이 점차 많아지기 때문에 다양한 퍼블리셔 서버에 접속하여 광고 작업을 원활하게 해줄 애드서버가 필요하게 되었다. 즉 광고주는 애드서버에 한번 광고물을 탑재하여 다양한 매체와 시간대에서 광고 집행이 가능해졌다. 퍼블리셔의 애드서버와 마찬가지로 광고주 측의 애드서버도 광고송출 관리 기능을 제공함으로써 광고주로부터 일정한 커미션을 받아서 수익을 창출하게 된다.

애드서버와 디지털 광고

5 애드네트워크(Ad Network)의 역할

소규모의 퍼블리셔들은 광고주에게 직접 광고를 판매하기에는 영업조직과 시간 등 제약이 있게 마련이다. 한편 대규모 퍼블리셔의 경우에도 마찬가지로 관리에서 어려움이 발생하는데 이들은 더 많은 광고 공간과 시간을 보유하고 있기 때문에 자체적으로 영업조직을 갖추고 판매하기에는 많은 무리가 발생하게 된다.

또한 광고주 애드서버와 퍼블리셔 애드서버 간의 연동 작업이 반드시 필요하게 되는데 이러한 업무도 광고량이 많아짐에 따라서 기하급수적으로 늘게 된다. 이와 같은 현실적인 문제점을 해결하기 위하여 애드네트워크(Ad Network)가 등장하게 되었다.

그림 6-4 애드네트워크와 애드서버와의 관계

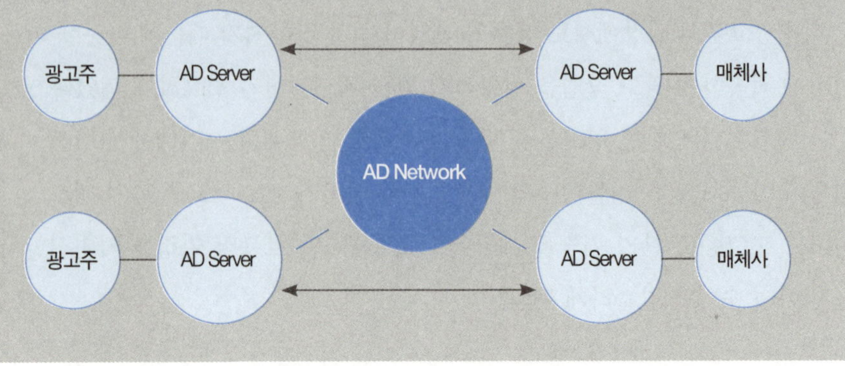

애드네트워크가 등장하면서 광고주 애드서버를 통해 퍼블리셔 애드서버 간에 직접적으로 상호 연동하지 않고도 애드네트워크 하나만으로 수월하게 광고를 관리할 수 있게 되었다. 또한 애드서버 간의 연동이 수월해짐에 따라서 다양한 광고인벤토리를 확보한 애드네트워크는 광고주에게 광고인벤토리 판매에서 파워를 지니고, 광고주는 다양한 매체에 광고를 집행할 수 있게 되면서 효율적인 거래가 가능하게 되었다.

이들 애드네트워크 기업들은 퍼블리셔와 광고주 사이에서 단순히 중개하는 역할 이외에도 광고 가격대의 설정 업무도 하면서 퍼블리셔를 위해 수익을 극대화할 수 있는 광고주 유치 업무까지 제안하기도 한다. 특히 애드네트워크 기업들은 비슷한 카테고리의 퍼블리셔들을 결합해서 큰 규모의 광고 공간을 창출하여 광고주와의 협상력을 높이는 역할을 하기도 한다.

대표적인 서비스와 기업으로는 DDN(다음카카오), GDN(구글), ACE Trader(NHN TX), Audience Network(페이스북), 리얼클릭(디엔에이소프트), 네오클릭(네오브이), 크리테오, 타깃팅게이츠(와이더플래닛), 엔트리(나스미디어), 카울리(퓨처스트림네트웍스),

A-plus(메조미디어), syrupad(인크로스), 인모비를 들 수 있다. 특히 인모비(Inmobi)는 전 세계에서 가장 큰 독립 광고 네트워크 기업이며, 페이스북 다음으로 가장 큰 규모의 애드네트워크기업이다.

INMOBI
The world's most powerful mobile advertising platform

인모비
설립연도 : 2007년
설립자 : 나빈 티와리(Naveen Tewari)
본사 : 방갈로르, 인도
진출국가수 : 165개
인모비 광고를 보는 사람수 : 약 6억 명 이상
월평균 모바일 광고 노출수 : 934억 회

인도 뭄바이에서 문자메시지 기반 모바일 검색엔진 서비스로 사업을 시작했지만, 이후 모바일 광고 분야에 사업을 집중해 구글, 페이스북에 이어 전 세계 3위 모바일 광고 솔루션/네트워크 보유 기업

애드네트워크도 다양한 기능을 가진 특화된 기업으로 발전하여 모바일이나 동영상 매체별, 블로그나 특정 사이트와 관련된 콘텐츠별, 아시아, 미국, 한국 등 지역별로 구분할 수 있다. 애드네트워크의 비즈니스 모델은 도매로 다양한 퍼블리셔 공간을 구매해서 소매로 판매하는 형태로 수익을 창출하고 있다.

6 애드익스체인지(Ad Exchange)의 역할

광고주가 가끔씩 많은 물량의 광고를 집행하고자 할 때는 기존의 구축된 애드네트워크 내에서 광고인벤토리 물량이 부족한 경우가 발생하기도 한다. 따라서 부족한 애드네트워크 내의 인벤토리를 보완하기 위한 방법으로 애드네트워크 간 연계된 조

직의 필요성이 대두되었다. 이러한 조직이 바로 애드익스체인지(Ad Exchange)이다.

이러한 배경에는 디지털 매체의 즉각성과 소멸성으로 인해서 해당되는 매체가 항상 인벤토리가 존재하는 것이 아니며 특정한 상황이 발생되어 트래픽이 몰리면 그 물량을 처리할 수 있는 인벤토리가 부족해져 결국 트래픽 증가분에서 확보할 수 있는 추가적인 매출을 달성할 수 없게 된다는 데 있다. 따라서 이러한 상황을 해결하기 위해서 애드네트워크들을 서로 제휴하여 비상시에 넘치는 트래픽을 서로 해결할 수 있는 플랫폼을 구축하는데 이것이 애드익스체인지이다.

애드익스체인지를 통하여 양사 간의 유연한 거래를 위해 제휴된 곳의 인벤토리들을 파악하고, 이를 통해서 퍼블리셔들이 보유하고 있는 실시간 인벤토리를 파악할 수 있게 됨으로써 추가 집행을 원하는 광고주들의 광고를 언제든지 집행할 수 있는 유연한 광고의 거래가 가능해졌다. 이는 결국 애드네트워크 간의 연동을 통하여 광고의 기회를 놓치지 않도록 보장해 주는 플랫폼이라고 할 수 있다.

그림 6-5 AD Exchange의 역할

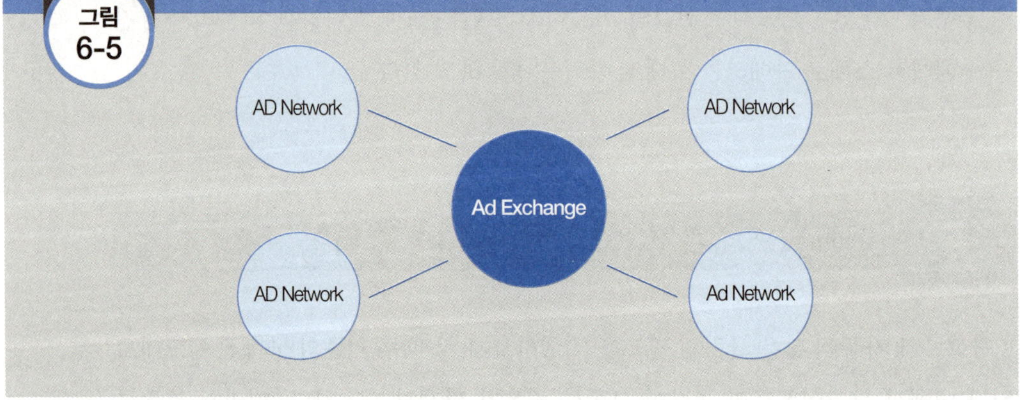

예를 들어 유럽 축구 전문 웹페이지의 경우 평소에 500명가량의 트래픽이 생성되는데 갑자기 유럽의 축구리그에서 하위팀이 상위팀에게 우승하는 이벤트가 발생하면서 하루 접속자 수가 10,000명이 되었다고 하자. 현재 이 웹페이지 퍼블리셔가 거래하는 애드네트워크에서는 약 5,000명에게 광고를 송출해 줄 수 있는 광고주가 존재한다고 하면 나머지 5,000명의 방문자들에게는 노출시킬 광고가 없는 상황이 발생한다. 따라서 5,000명에게 광고를 노출시켜 획득할 수 있는 기회수익을 잃어버리게 된다.

또한 반대로 광고주 영업을 잘해서 광고주는 충분히 확보가 되어 있지만, 트래픽이 부족한 경우가 발생할 수도 있다. 즉 애드익스체인지는 해당 웹사이트의 UV(Unique Visitor), PV(Page View)의 변화에 따라서 급변하는 트래픽을 분산시키기 위한 목적으로 운용되어 매우 높은 거래유동성을 확보하게 된다.

이러한 애드네트워크들의 허브 역할을 하는 애드익스체인지는 1초당 엄청나게 많이 발생하는 온라인 트래픽을 원활하게 처리해야 하기 때문에, 고도의 트래픽 처리 능력과, 다양한 애드네트워크와의 안정적인 연동 능력, 복잡한 거래 형태의 지원 등의 능력이 필요하기 때문에 고도의 프로그래밍 기술이 요구되는 플랫폼이다.

애드익스체인지 수익구조는 애드네트워크와 같이 거래 기준의 커미션 기반으로 운영된다. 대표적인 기업으로는 구글 더블클릭(Double Click), 야후 라이트미디어(RightMedia), 오픈엑스(OpenX), 앱넥서스(appnexus) 등이 있다.

7 DSP(Demand Side Platform)의 역할

DSP는 광고주 측에서 광고 공간과 시간을 효율적으로 획득할 수 있도록 하는 역할을 한다. 즉 DSP는 애드익스체인지를 통해서 효율성이 높은 인벤토리를 광고주가 쉽게 구매할 수 있도록 돕는 플랫폼이다.

광고비를 많이 사용하는 큰 광고주 기업들은 다양한 목표 소비자들에게 메시지를 전달할 수 있는 많은 광고인벤토리를 요구하는데 이 과정에서 광고비의 효과를 극대화시킬 수 있는 효과성과 효율성이 보장되는 인벤토리를 찾게 된다. 따라서 이를 해결하기 위해 복수의 애드익스체인지를 활용하는데, 이러한 과정에서 발생할 수 있는 문제점을 효율적으로 해결해 주는 조직이 바로 DSP라고 할 수 있다.

이들 조직은 프로그래매틱 광고를 통한 실시간 경매(RTB)를 통해서 순간적으로 효율적이며 효과적인 인벤토리를 거래하게 된다. 여기서 실시간 경매(RTB : Real-Time Bidding) 시스템은 표현 그대로 광고인벤토리의 판매와 구매가 실시간 경매를 통해 이루어지는 시스템이다. 즉 이를 통해서 광고 공간을 구매하기 위해 입찰한 기업 중

그림 6-6 DSP의 역할

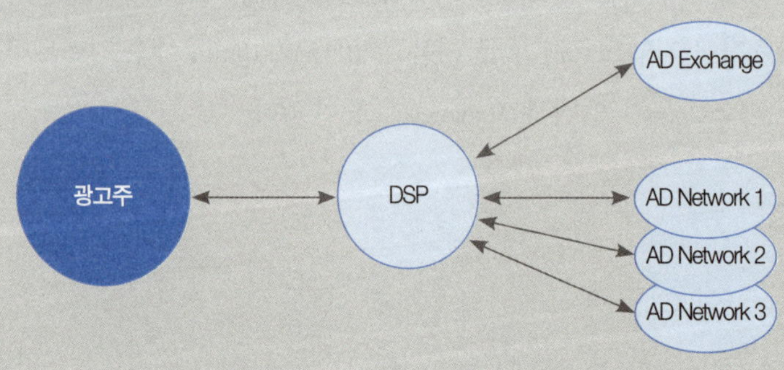

에서 가장 비싼 가격을 제시한 광고주의 광고가 광고 공간에 노출되도록 하는 시스템이다.

이러한 과정은 모두 컴퓨터 프로그램을 통해 이루어지며, 목표 청중에 등장하여 광고기회가 확보되면 1,000분의 1초 사이에 경매와 광고물의 게시 과정이 종료된다. 예를 들면, 등산 브랜드가 특정 사이트에 등산을 좋아하며 관련 정보를 클릭해온 사용자가 접속할 때 그 인벤토리를 구매하여 광고를 하게 된다.

대표적인 DSP 플랫폼으로서 국내에는 트레이딩웍스가 최대 규모의 모바일 DSP로 자리 잡고 있으며, 턴(Turn), 미디어매스(MediaMath), 더트레이드데스크(TheTradeDesk), 데이터주(DataXu), 버라이즌(Verizon), 구글 등이 있다.

최근에 주요 매체사들은 그들이 제공하는 프로그래매틱 플랫폼으로만 구매할 수 있게 구조화해 타사의 구매 플랫폼 및 DSP로는 광고 상품을 구매할 수 없도록 폐쇄

그림 6-7 대표적 DSP 플랫폼

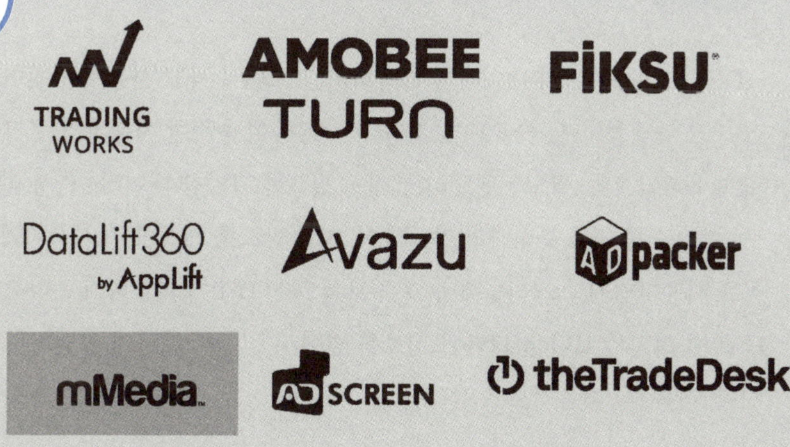

적인 환경을 구축하는 경향이 많다. 구글의 DSP 플랫폼인 'Display & Video 360'은 글로벌 수천 개의 퍼블리셔 지면과 유튜브 광고까지 대부분 구매가 가능하지만, 다른 DSP들은 구글의 광고 상품에 접근할 수 없는 것이 특징이다.

DSP 플랫폼들은 다양한 애드익스체인지와 편리하게 거래할 수 있는 UI(User Interface)를 유지하는데 이들 플랫폼은 광고거래량이 매우 거대하므로 이러한 거래를 원활하게 처리할 수 있는 시스템이 특징이다. 또한 앞서 설명한 것과 같이 애드익스체인지 플랫폼과 API를 통하여 RTB 기능을 연동시켜 원활한 거래를 도모하게 된다.

DSP와 SSP 간의 거래구조

참고로 퍼블리셔의 API를 기반으로 한 플랫폼의 경우에는 DSP로 간주되지는 않지만 각 퍼블리셔(매체사)에서의 자사 광고인벤토리만을 프로그래매틱 방식으로 구매 및 판매하기 위해 제공하는 플랫폼이다. 주요한 플랫폼으로는 Google Ads, Facebook Ad Manager, Twitter Ads 등을 들 수 있다.

8 DMP(Data Management Platform)의 역할

DMP는 사용자들의 데이터를 보유하고 있으면서 목표 사용자를 찾아내는 데 도움을 주는 플랫폼이다. 즉 DMP는 DSP가 추적하여 축적한 사용자의 쿠키 정보와 DMP가 보유하고 있는 광고인벤토리 구매에 필요한 다양한 데이터(인구통계학 정보, 소비자 구매행동 등)를 교차 분석하고 가공하여, 지금 광고를 게시할 이 사용자가 과연 올바른 목표 사용자인지 스크리닝해서 그 정보를 다시 DSP에 피드백해 준다. 이후에 DSP는 DMP에 의해서 보다 정교화된 정보를 받아서 적절한 사용자를 분류하여 광고를 게시할 사용자를 최종적으로 결정한다.

또한 광고주 내지 DSP는 DMP의 자료를 바탕으로 광고인벤토리의 실시간 경매가격을 정한다. 이러한 DMP 플랫폼은 짧은 시간에 빅데이터를 다루는 분야이기 때문에 여러 정보를 가공할 수 있는 높은 기술력이 요구된다.

한국의 대표적인 DMP 서비스로는 Wider Planet의 TargetingGates가 있으며, 일일 10억 건이 넘는 데이터를 업데이트하고 있다. 이 플랫폼은 광범위한 제3자 데이터(3rd Party Data)를 유지하고 있으며, 크로스 디바이스 사용자 트래킹이 가능한 것이 특징이다. NHN TX의 TOAST exchange는 사용자의 행동 타깃팅에 기반한 데이터를 추출하여 사용하며, 계열사인 NHN Entertainment, D&T 프리미엄 데이터를 활용하여 스크리닝한다. SK의 Syrup AD는 11번가, 캐시백, 시럽 월렛, 티맵 등 SK 관련 빅데이터를 이용하며 3,800여 개의 앱, 모바일 웹 등 월평균 45억 PV를 보유하는 DMP 플랫폼으로 알려져 있다.

9 SSP(Supply Side Platform)의 역할

앞서 설명한 DSP와 반대의 개념으로서 DSP가 광고주의 인벤토리 구매와 관련된 플랫폼인 데 반해서 SSP는 퍼블리셔의 광고인벤토리 효율화를 도모하기 위한 플랫폼이다. 만일 특정한 퍼블리셔(매체사)가 사용자들의 방문율이 높은 경우에는 가능한 범위 내에서 다양한 영업 접점을 통해서 광고인벤토리 판매를 추진하게 된다. 즉 직접적으로 광고 영업을 하는 경우에는 자체의 애드서버를 통해서 인벤토리를 판매하는 경우도 있으며, 애드네트워크와 거래하여 광고인벤토리를 판매하거나 애드익스체인지를 통해서도 판매하는 경우가 발생할 것이다.

이와 같이 많은 광고인벤토리를 보유한 퍼블리셔는 인벤토리 판매관리가 복잡해

그림 6-8 SSP의 역할

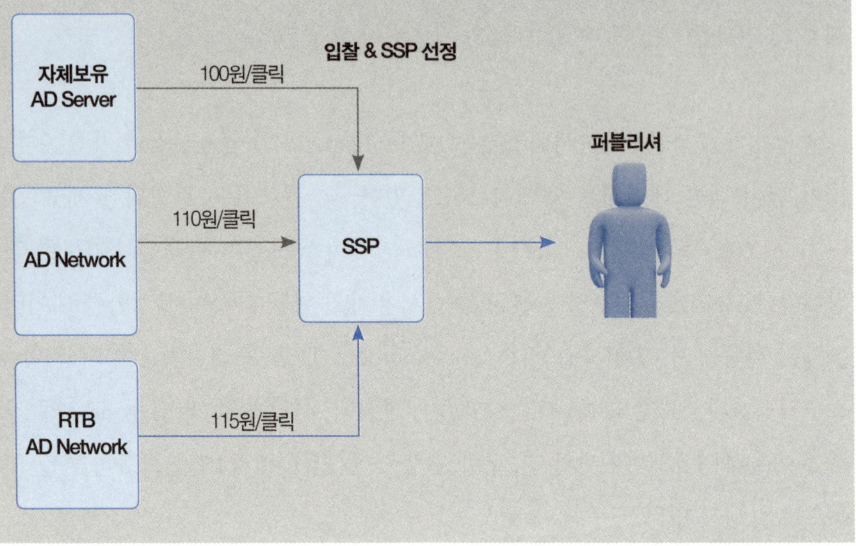

지므로 수익 극대화를 위한 관리 플랫폼을 필요로 한다. 따라서 SSP는 이러한 퍼블리셔의 욕구를 잘 반영하여 다양한 클라이언트들을 효율적으로 관리하고 이를 통해서 최고의 수익을 추가하는 플랫폼 역할을 하게 되는 것이다.

예를 들면 퍼블리셔에서 직접 영업하여 1클릭당 CPC가 100원으로 예상되고 애드네트워크에서는 110원으로 예상되며, 애드익스체인지를 통해서는 115원으로 RTB 경매가가 결정되었다면 115원으로 결정해 주는 역할이 SSP의 역할이다. 대표적인 SSP 사업자는 루비콘(Rubicon), 펍매틱(Pubmatic)을 들 수 있다.

이상의 설명에서 프로그래매틱 광고 플레이어들은 복잡하지만 빠른 상호작용을 통해서 거래가 이루어지며 RTB의 경우에는 웹사이트 접속자에게 적합한 광고를 노출시키게 되는 모든 과정에 소요되는 시간은 불과 0.1~0.3초로 매우 짧은 순간에 모든 과정을 마치게 된다.

그림 6-9 RTB 전개 과정

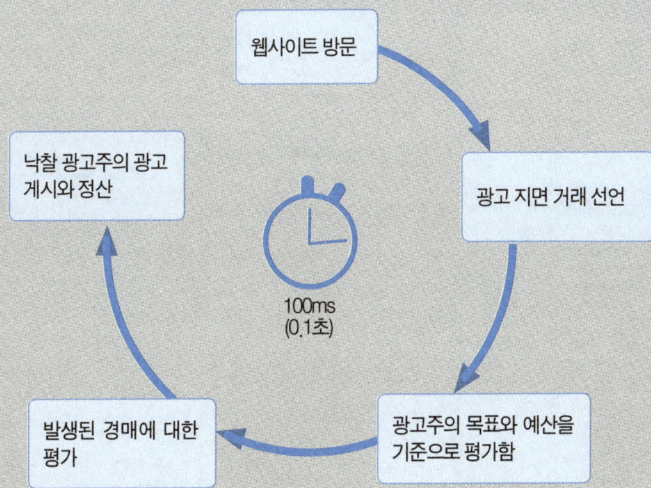

그림 6-10의 디지털 스케이프는 DMC미디어에서 매년 보고되는 한국의 디지털 마케팅 커뮤니케이션 기업들이다. 원본을 다운받으려면 아래의 QR코드로 연결하여 다운받을 수 있다.

한국의 디지털 스케이프

그림 6-10 한국의 디지털 광고 산업 맵

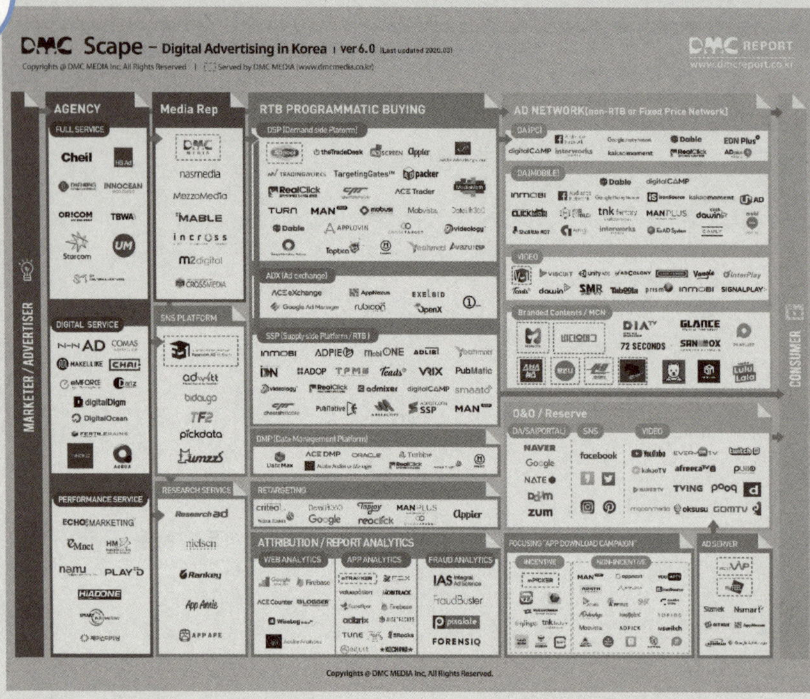

출처 : www.dmcreport.co.kr

PART Ⅲ

디지털 세계에서의 소비자

제 7 장

디지털 소비자행동

1. 정보 탐색과 구매의사결정 과정에서의 인터넷의 중요성

2. 디지털 환경에서 소비자들의 지속적 정보 탐색 과정

3. 온라인 시대의 기업의 대응 사례

| 제 7 장 |
디지털 소비자행동

1 정보 탐색과 구매의사결정 과정에서의 인터넷의 중요성

소비자들의 구매의사결정 과정은 대표적으로 1) 욕구의 확인, 2) 탐색, 3) 대안평가, 4) 구매, 5) 결과(구매 후 만족 불만족) 의 5단계를 거치게 된다. 이 과정에서 두 번째 단계인 탐색 과정에서 내외부적인 정보 탐색 과정을 거치는데, 1) 노출, 2) 주의, 3) 이해, 4) 수용, 5) 보유 등의 대표적인 정보 탐색 과정을 거친다.

디지털 소비자행동 모델에서 중요하게 간주하는 것이 탐색(search) 단계로서 기존의 소비자들은 이 단계에서 한정적인 정보처리 방식을 통해서 정보를 획득하는 데 한계가 있었지만, 웹이나 앱을 활용한 디지털기기를 통해 기존의 한계를 뛰어넘는 확장적인 정보 탐색이 가능해짐으로써 소비자행동 관점에서 급속한 변화를 가져오게 되었다.

또한 구매의사결정 단계의 세 번째 단계인 대안 평가(alternative evaluation) 단계에서

그림 7-1 소비자 정보처리와 구매의사결정 통합 과정

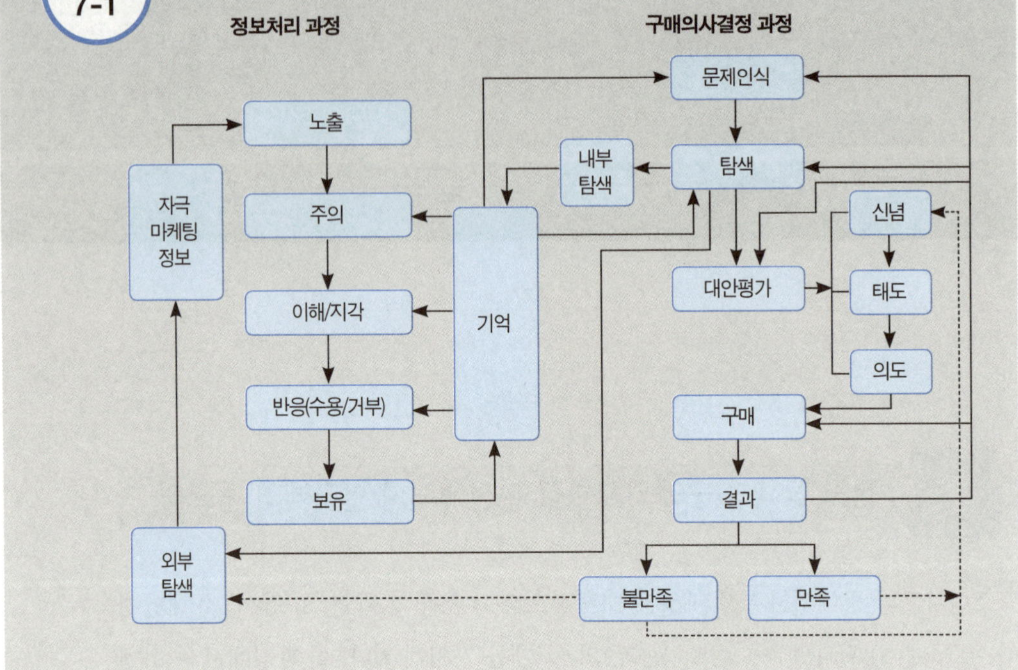

도 소비자들은 제품에 대한 대안들의 평가 후에 그들이 느끼는 만족 또는 불만족한 점을 SNS와 같은 다양한 방식을 통해서 타인들에게 의사를 전달할 수 있게 되었다. 따라서 이 단계에서도 기존에는 개인의 평가 결과가 제한된 소비자들에게 전달되었다면 이제는 구매 이전에도 제품에 대한 평가 결과의 확산이 가능하게 된 것이다.

이와 같이 디지털 미디어는 소비자들의 의사결정 단계에서 탐색과 대안 평가 및 확산에 크게 영향을 미치게 되었다.

현대의 소비자는 시간과 장소의 제약을 받지 않는 검색과 공유 덕분에 능동적인 소비자로 변화한 것이다. 또한 AIDMA가 1인의 소비를 설명하고 있다면, AISAS는 검색과 공유를 통한 소비자 간 관계의 확장을 설명해 주고 있다.

이후 메시지의 진정성을 중요시하는 새로운 모델을 발표하게 되었는데 이것이 덴츠가 개발한 SIPS 모델이다. SIPS 모델은 공감(Sympathize), 확인(Identify), 참여(Participate), 공유와 확산(Share & Spread)의 약자로서 SNS를 통한 커뮤니케이션 과정을 설명하고 있다.

SIPS 모델의 전제는 먼저 소비자들의 공감을 확보하여야 소비자들 사이에서 메시지 또는 콘텐츠가 전달되는 것으로 간주하고 있다. 이러한 공감을 받기 위한 전제조건으로서 메시지나 콘텐츠가 진정성(Authenticity)을 가지는 것이 매우 중요하다는 것이다. 진정성은 SIPS 모델의 모든 단계에서 중요한 영향을 미치는 것으로 나타나고 있다. 확인(Identify) 단계에서도 진정성은 중요한 역할을 하게 되는데 만일 소비자들이 공감한 내용에 대해서 진정성이 결여되었다고 판단하게 되면 다음 단계인 참여(Participate)로 이행하지 않기 때문이다.

그림 7-2 변화하는 소비자 정보처리－의사결정 구조

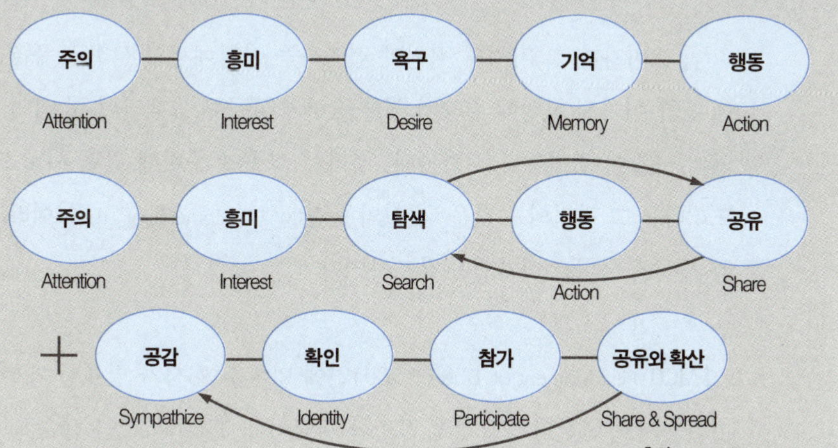

출처 : www.dentsu.co.jp

이후에 등장한 모델로서는 Mangyakazmi(ANBI Communications)가 제창한 아이스시스(AISCEAS)로서 인지(Attention) → 관심(Interest) → 탐색(Search) → 비교(Comparison) → 평가(Evaluation) → 행동(Action) → 공유(Share) 모델을 들 수 있다. 이 모델의 특징은 검색(Search) 이후에 비교(Comparison)와 검토(Examination) 단계를 확장시킨 모델로 양방향 소통을 특히 강조하였다는 점이다.

1) FMOT(First Moment of True)의 등장

FMOT 개념을 MOT개념을 뿌리로 한다. 진실의 순간(Moments of Truth ; MOT)이라는 것은 스칸디나비아항공의 사장이었던 얀 칼슨(Jan Carlzon)이 고객과의 접점의 중요성을 강조한 데서부터 비롯되었다. 그는 스칸디나비아 항공에 취임할 당시 대략 한 해에 5명의 직원들이 1천만 명의 고객과 접촉했으며, 1회 응대시간은 평균 15초로 매우 짧은 것을 파악하였다. 그는 적자 상태인 항공사 상황을 벗어나기 위해 경영혁신을 주도하면서 고객을 만나는 15초 동안의 짧은 순간에 고객들은 스칸디나비아항공사의 전체 이미지에 대한 인상을 얻게 되고, 이에 따라서 기업의 모든 것이 결정된다고 판단하였다.

즉, 소비자가 그 기업의 직원과 접촉하는 상황에서의 서비스 품질이 브랜드 전체에 대한 이미지 형성에 결정적 역할을 하기 때문에 고객과의 첫 대면 15초 동안에 기업의 사활이 결정된다고 하였다. 따라서 그동안 준비해 왔던 서비스가 적나라하게 드러나는 그 접점의 순간을 '진실의 순간(MOT : Moments of Truth)'이라고 하고 이에 대한 세심한 서비스 디자인을 강조하였다.

FMOT(First Moment of True)는 2004년에 미국 P&G사가 발표한 개념으로서 MOT와 마찬가지로 현장의 중요성을 강조한 개념이다. 1980년 초 얀 칼슨(Jan Carlzon)이 처음 발표한 MOT 개념을 25년 후인 2005년에 P&G의 래플리(Laffley) 회장이 구체화하여 세 개의 FMOT, SMOT(Second Moment of Truth), TMOT(Third Moment of Truth)로 발전시켰다. 이 당시에 브랜드 관점에서는 TV CF에서 브랜드 인지도를 높이는 것이 여전히 중요했지만, 소비자들은 실제로 매장에서 제품이 진열되어 있는 진열대를 보면서 최초 3초에서 7초 사이에 어떤 제품을 구매할지 결정하는 경우가 많았다는 것이다. 따라서 소비자들이 매장에서 제품의 대안들을 판단하고 결정하는 3~7초 사이가 진실의 순간이라는 개념이다.

즉 FMOT란 소비자가 매장에서 제품을 선택하는 결정적인 순간을 지칭하는 것으로 정의되었다. 그러므로 제품의 포장이나 디자인, 진열대에 놓는 디스플레이, 판매원의 설명과 접객 태도 등을 포함한 인스토어 프로모션 등을 최적화시켜 소비자들에게 적극적으로 어필하는 것의 중요성이 강조되었다.

한편 소비자가 브랜드 내지 제품을 매장에서 처음 만나게 되는 순간을 첫 번째 FMOT라고 하고, 소비자가 구매한 제품을 집이나 다른 장소에서 사용하면서 제품을 경험하는 순간을 두 번째 MOT, 즉 SMOT(Second Moment of Truth)라고 한다. 또한 고객이 사용한 제품에 대해 피드백하거나 주변 소비자들에게 공유하는 순간을 세 번째 TMOT(Third Moment of Truth)라고 한다. 이를 통해서 제품이나 서비스의 비 사용자도 대리경험을 가지게 되고 직접 사용한 소비자들은 이러한 활동을 통해서 브랜드/제품에 대해 옹호하는 고객으로 변화하여 브랜드에 대한 애호도가 높은 고객으로 변화하게 되는 것이다.

2) 탐색 단계에서의 중요성을 의미하는 ZMOT

ZMOT(Zero Moment of Truth)의 개념은 2011년에 구글(Google)이 발표한 소비자들의

정보 탐색 및 구매행동과 관련된 개념이다. 이 개념은 많은 소비자들이 매장에 방문하기 전 온라인(인터넷이나 모바일)을 통해 제품에 대한 많은 정보를 수집한 후 구입을 결정하는 경우가 많아지고 있는 것을 고려하여, 매장에서 제품과 접촉하기 이전에 이미 소비자들에게 제품의 정보와 심지어는 대리적 경험이 전달되는 것을 의미한다. 즉 소비자들의 PC나 모바일, 태블릿 등의 사용으로 구입 의사결정 과정이 크게 변화했으며, 소비자들이 매장에 직접 방문하기 이전에 일어나는 의사결정 중 가장 중요한 순간을 ZMOT라고 한다.

그림 7-3 ZMOT, FMOT, SMOT 관계

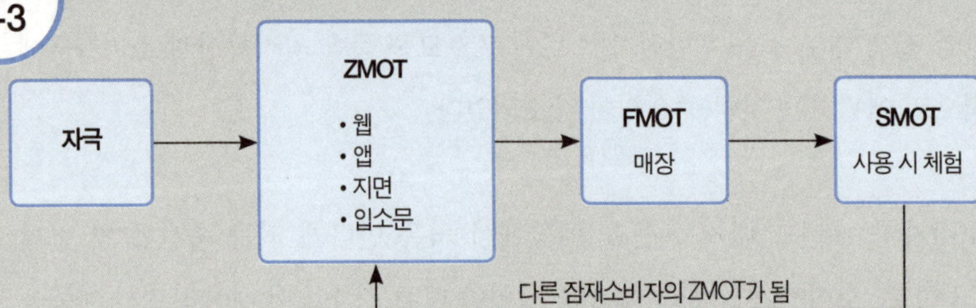

구글이 발표한 ZMOT는 소비자들의 제품에 대한 탐색 단계에서 인터넷을 통한 검색 활동으로, 얀 칼슨(Jan Carlzon)이 주창한 진실의 순간이 현장에서가 아니라 인터넷상에서 결정된다는 것을 강조한 개념이라고 할 수 있다.

한편 컨설팅 회사인 맥킨지(Mckinsey)가 발표한 Consumer Decision Journey(CDJ)의 프로세스에서는 앞서 설명한 바와 같이 디지털 시대에 중요한 단계로 고려할 수 있는 검색과 평가 부분의 중요성을 강조하였다.

소비자들이 구매의사결정 과정에서 고려 브랜드 집합(brand consideration set)에 포함되는 브랜드 수는 과거에 비해 오히려 줄어든 것으로 나타난다. 이러한 배경에는 시장에서의 경쟁 증가로 인하여 소비자의 선택 폭이 늘어나고 다양한 미디어를 통한 메시지들이 오히려 소비자에게 혼란을 주기 때문에 한정된 브랜드에 의존하는 경향으로 나타난다는 것이다. 이런 상황에서는 브랜드 인지가 중요하며, 초기에 고려한 브랜드를 구매할 확률이 나중에 추가로 고려된 브랜드보다 3배나 높은 것으로 나타난다. 따라서 앞서 소개한 ZMOT의 중요성을 알 수 있다.

그림 7-4 소비자 의사결정의 여정

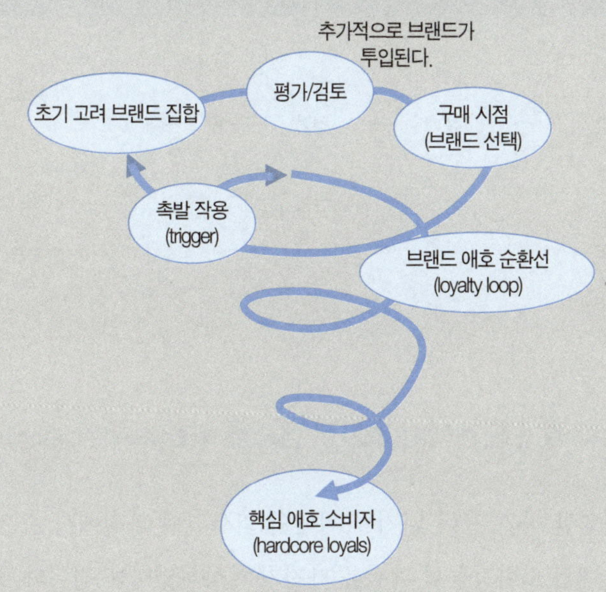

출처 : Mckinsey 홈페이지

한편 최근 급속한 정보의 생성과 전달로 인해서 소비자들의 주의를 집중시키기 어려운 상황이 발생하고 있다. 예를 들면 유튜브의 경우는 유튜브에 올라오는 하루 분량의 동영상을 모두 시청하려면 82년이 소요되는 것으로 알려져 있다. 또한 1분에 500시간 분량의 동영상이 탑재되는 것으로 나타난다.

이러한 정보과잉의 시대에서 컨설팅회사인 맥킨지는 고객에게 정보를 전달하는 것도 중요하지만 즉각적인 행동의 전환을 이끌어 내는 것이 중요함을 강조하는 Accelerated Loyalty Journey를 제시하였다. 즉 마케터는 단순한 정보를 빠른 시간에 전달하는 것도 중요하지만 고객에게 특정 니즈가 발생한 바로 그 순간에 고객에게 적극적으로 해당 정보를 제시하는 것이 중요하다는 것이다.

그림 7-5 가속화된 애호도 여정

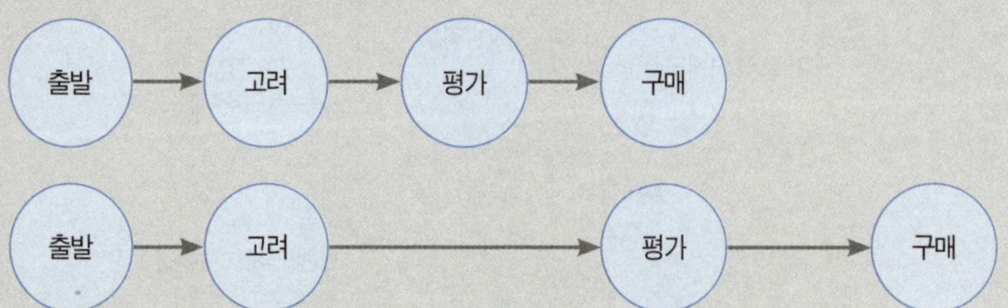

3) 검색과 평가 단계에서 추가적 정보를 위한 쇼루밍(Showrooming) 현상

앞서 설명한 바와 같이 디지털 시대의 의사결정 과정에서 중요한 단계는 탐색과 평가 부분에서 소비자들이 파워를 가지기 시작하였다는 점이다. 소비자들이 인터넷을 모바일로 원활하게 사용하면서 정보 축적이나 검색의 수월성을 통해서 소비자 권한 강화(consumer empowerment)가 되는 결과를 가져오게 되었다.

많은 소비자들은 제품을 판매하는 매장에서 꼼꼼하게 살펴본 뒤, 실제 구매는 온라인 등의 경로를 통해 최저가로 구매하는 행동을 하게 되는데 이를 쇼루밍이라고 한다. 이러한 현상은 소비자들이 백화점 등의 오프라인 매장이 마치 온라인 쇼핑몰의 전시장인 쇼룸(Showroom)처럼 변하기 때문이며 쇼루밍(showrooming)족에 의한 매출이 전체 온라인 판매에서 차지하는 비중이 50%에 달하면서 오프라인 채널을 폐쇄하는 기업들이 증가하는 것으로 알려져 있다(IBM Global Consumer Study, 2013).

한편 반대로 행동하는 것을 역쇼루밍(Reverse-Showrooming)이라고 하는데 이는 온라인상에서 제품에 관한 정보를 꼼꼼하게 파악하고 오프라인을 통해 제품을 구매하는 행동을 의미한다. 즉 SNS 등 온라인 인맥의 추천이나 사용후기를 통해 제품에 대한 구매결정을 내리고 오프라인 매장에서 제품을 구매하게 된다는 것이다.

2 디지털 환경에서 소비자들의 지속적 정보 탐색 과정

디지털 환경에서 소비자들은 효용적인 측면에서 검색과 평가를 위한 정보 탐색을 지속적으로 수행하기도 하며, 또 다른 측면인 쾌락적 측면에서 인터넷을 통해 게임 등 다양한 재미를 즐기면서 지속적으로 웹서핑을 한다.

이와 같이 이용자가 특정한 목적을 가지고 그 목적을 달성할 수 있는 인터넷 서핑 스킬을 가지는 경우에 흐름을 타는 것과 같은 상태에 몰입하게 되는데, 그와 같은 개념을 플로우(flow)라고 한다. 이러한 개념을 처음 제시한 칙센미하이(Mihaly Csikszent-mihalyi)는 플로우는 삶이 고조되는 순간에 물 흐르듯 행동이 자연스럽게 이루어지는 느낌이라고 하였으며 도전과 능력이 동시에 갖추어져야 경험할 수 있는 상태라고 하였다. 여기서 소비자가 일정 수준 이상의 도전 상태에서 능력 수준이 되지 못하면 불안감을 느끼게 되고, 반대로 일정 수준 이상의 능력 수준은 되지만 도전하고자 하는 의지가 약하다면 지루함을 느끼는 과정을 거치게 된다.

인터넷 초기의 활발한 연구자였던 호프만과 노박(Hoffman and Novak)은 인터넷 환경에서 사용자들이 즐겁게 인터넷 서핑을 하는 상태를 플로우 개념을 적용하여 설명하였다. 즉 사용자는 인터넷 서핑 과정에서 플로우 상태를 느끼게 되는데 이것은 사용자가 느낄 수 있는 최적의 심리적 몰입 상태를 의미한다는 것이다.

또한 소비자가 플로우 상태인 놀이(play)를 경험하는 과정에서 소비자들은 본질적으로 가지고 있는 가치인 도피(Escapism)와 즐거움(Enjoyment)을 느끼게 되면서 놀이로서의 인터넷 서핑 상태로 몰입하게 되는 과정으로 설명하였다(Mathwick & Rigdon 2004).

그림 7-6 도전과 기술 수준에 따른 경험의 질

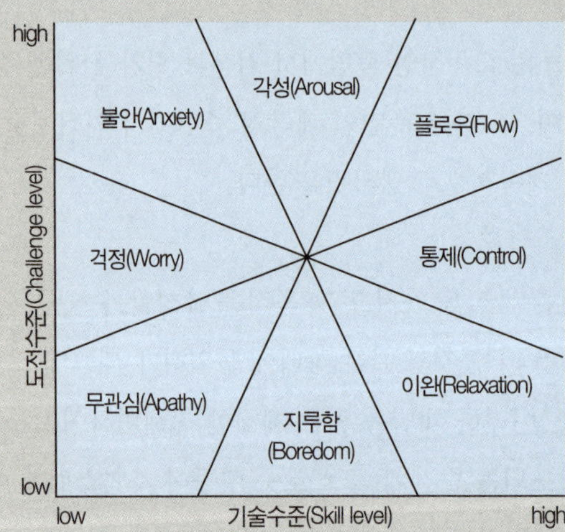

출처 : Csikszentmihalyi(1997)

3 온라인 시대의 기업의 대응 사례

온라인을 통해 소비자들의 정보 탐색과 구매의사결정이 급속히 이루어지고 있는 가운데 기업들은 이에 다양한 방식으로 대처하고 있다. 대표적으로 적시적소에서 소비자들의 즉각적인 행동의 전환의 중요성을 강조한 Accelerated Loyalty Journey에 맞도록 즉각적 정보를 제공하는 도구들이 등장하였다. 특히 이러한 방식들은 사용자들로 하여금 1) 즉각적인 의사결정 수월성, 2) 대리적 경험을 통한 대안평가 과정에서의 수월성 강화 등의 편익을 제공하면서 구매로 이어지게 도와주고 있다.

그림 7-7 아마존 대시 버튼

출처 : 아마존 홈페이지

첫 번째로 사용자로 하여금 즉각적인 의사결정을 할 수 있도록 수월성을 높여 성공한 사례를 보면 대표적으로 2015년 등장한 아마존(Amazon)의 Dash 버튼 서비스를 들 수 있다. 세탁기, 냉장고 등에 부착할 수 있는 이 버튼을 통해서 Tide 세제가 떨어졌을 때 버튼을 누르면 바로 배송되는 서비스였다. 이 서비스는 매출 증가에 즉각적인 반응을 나타냈지만 이후 앱 버튼으로 변경되고 또한 아마존에서 출시한 음성 서비스인 Alexa를 통해 구매하는 행태도 변경되었다.

한편 영국 식료품 유통업체 Waitrose는 Waitrose Hot Idea 프로그램을 통하여 홈 스캐너를 도입하였다. 이것은 한 손으로 사용 가능한 사이즈로서 사용자들이 주방에서 다 쓴 제품의 바코드를 스캔하면 온라인 쇼핑으로 연결되어 주문되는 시스템이다.

두 번째로는 대리적 경험을 통한 대안평가(alternative evaluation) 과정을 도와주는 시스템의 등장이다. 사용자들이 온라인으로 의류를 구입하는 경우에 착용해서 본인에게 맞는지 확인하기 어려운 경우가 발생하곤 한다. 따라서 대안평가 과정에서 확인하기 어렵기 때문에 특히 의류의 경우에는 교환 및 환불 요청 또한 많은 것으로 나타난다.

Gap은 이러한 문제를 해결하기 위한 방법의 하나로 Google 및 Avametric와 합작해 증강현실(AR : Augmented Reality) 기술을 이용한 가상 드레스룸(virtual dressing room) 모바일 애플리케이션을 통해서 사용자들은 제품을 고른 후에 자신과 유사한 체형을 나타내는 아바타를 선택해서 타인의 관점에서 제품을 평가해 보도록 하였다.

한편 온라인 쇼핑몰도 오프라인에서 제품에 대한 부가적인 조언과 정보 탐색을 통해서 대안에 대한 확신을 높이는 서비스를 제공하는 브랜드가 등장하였다. 남성복 전문 온라인 쇼핑몰을 운영하는 Bonobos는 온라인상에서 제품에 대한 확신을 가지기 어려운 소비자들을 위해서 오프라인상에서 체험을 할 수 있는 Bonobos 가이드샵을 운영하면서 의류 코디전문가가 조언을 해주는 서비스를 제공하였다.

이와는 반대로 제품이 대한 경험을 중시하는 역쇼루밍족들을 위해서 오프라인 매장에서 경험을 강화하려는 시도도 등장하고 있다. 오프라인 매장에서는 실제 제품과 고객의 요구에 즉각적으로 응답하고 조언할 수 있는 판매원을 통해서 소비자들은 다양한 정보와 경험을 얻을 수 있다는 장점이 있기 때문이다.

이러한 오프라인 상점은 상품 가격을 높이는 비용 부분을 오히려 장점으로 승화시켜 제품 판매 자체보다는 다양한 제품 관련 정보와 경험을 제공하는 것에 집중하는데, 이러한 몰 형태를 UX몰(User Experience Mall)이라고 한다. Bonobos의 사례는 검색과 대안평가에 대한 확신을 강화시키기 위한 좋은 사례라고 볼 수 있다.

[참고문헌]

Csikszentmihalyi, M. (1997). Finding flow: The psychology of engagement with everyday life. Harper Perennial Modern Classics: New York.

제 8 장

디지털 조사 비즈니스

1. 감성 분석(Sentiment Analysis)

2. 데이터 마이닝 서비스

| 제 8 장 |

디지털 조사 비즈니스

마케팅 전략이나 광고 캠페인 기획 등 마케팅과 관련된 전략 수립을 위해서 전통적으로는 설문지를 통한 시장조사나 2차 데이터 수집 등 다양한 데이터 수집경로를 통해서 조사 및 분석을 했지만, 최근에는 웹과 앱을 통해서 브랜드 및 제품과 관련된 다양한 소비자들의 의견과 관련된 정보를 수집 및 분석을 할 수 있게 되었다.

특히 디지털 미디어를 통하여 실행하는 소셜 마케팅의 전략 수립과 기획 및 분석을 위해서는 다양한 소셜 플랫폼에 있는 사용자들의 태도나 의견 또는 행동 관련된 데이터를 수집하고 분석하는 것이 필수적이라고 할 수 있다.

이러한 환경에서 최근 시장에서 생성되는 빅데이터 형식의 소비자 자료를 분석하는 솔루션에 대해서 마케팅 담당자들의 관심이 집중되고 있다. 그중에서도 특정 브랜드나 제품에 대한 소비자들의 긍/부정적 의견과 같은 감성 데이터를 추출하고 분석하는 플랫폼에 대해서 많은 관심이 집중되고 있다.

1 감성 분석(Sentiment Analysis)

온라인상의 소비자들의 태도 및 의견 데이터를 분석하는 감성 분석(Sentiment analysis)은 다양한 명칭으로 불리고 있는데, 의견추출(opinion extraction), 감성마이닝(sentiment mining), 주관성 분석(subjectivity analysis), 정서 분석(affect analysis), 감정 분석(emotion analysis), 리뷰마이닝(review mining) 등으로 불리고 있다. 또한 분석 대상에 따라서 브랜드 모니터링(brand monitoring), 버즈 모니터링(buzz monitoring)이라고도 하며 더 큰 의미로 온라인 인류학(online anthropology)으로도 불리고 있다.

이러한 감성 분석의 대상은 소비자들이 일상적으로 온라인상에서 뉴스나 사회적 이슈에 대해 댓글을 작성하거나 특정 브랜드나 제품의 구매 및 사용 후기를 올리는 것과 같은 다양한 것을 포함한다. 또한 심지어 신문지면의 기사 표현까지도 포함하는 경우가 있다.

감성 분석에 사용되는 데이터를 흔히 비정형데이터(Unstructured Data)라고 부르는데 이 데이터는 트위터나 페이스북과 같은 SNS에 업로드된 댓글, 동영상, 사진 등이 해당된다. 이에 반해서 정형데이터(Structured Data)는 숫자 형태의 데이터를 의미하는데, 소비자들이 제품을 주문하는 경우에 입력하는 주소, 연락처, 결제 정보와 같이 매번 사용할 때마다 데이터베이스 내의 고정된 필드에 저장되는 데이터를 의미한다.

감성 분석의 방법은 어휘 기반(Lexicon-based)의 감성 분석과 머신러닝 기반(ML-based)의 감성 분석으로 구분할 수 있다. 어휘 기반(Lexicon-based)의 감성 분석은 매뉴얼 방식, 사전 방식, 말뭉치 방식으로 구분되는데, 매뉴얼 방식은 수작업으로 모든 단어에 대한 감성을 긍/부정으로 레이블링하는 방식이다. 이 방식의 장점은 수작업으로 감성사전 구축작업을 일단 수행하고 나면 적용하기 쉽다는 장점이 있지만, 분석 대상이 되는 도메인 간 호환성이 낮고 노력이 많이 든다는 단점이 있다.

사전 기반(Dictionary-based) 방식은 많이 사용되는 방식으로서 이 방식은 분석할 때마다 새로운 사전을 만들 필요 없이 기존에 만들어진 사전을 활용하는 방식이다. 따라서 분석에 바로 적용할 수 있는 장점이 있지만, 감성 분석을 적용하려는 대상이 되는 도메인마다 사전을 확보해야 한다는 단점이 있다.

말뭉치 기반(Corpus-based) 방식은 말뭉치에 적합한 감성어휘를 재구축하는 방식이다. 여기서 'corpus'는 사전적인 의미로 '몸뚱이, 몸체'라는 뜻을 지니는데, 문장에서 하나의 덩어리로 간주할 수 있는 언어의 뭉치라는 의미로 사용된다. 이 방법은 도메인별로 다른 의미로 감성 분석의 오류를 발생시키는 문제점을 극복할 수는 있지만 범용적인 사전 구축을 위해서 많은 데이터의 분석 과정이 요구된다는 단점이 있다. 이외에도 최근에는 기계학습 기반(Machine Learning based)의 감성 분석 등이 많이 활용되고 있다.

1) 감성 분석(Sentiment Analysis) 단계

대표적인 감성 분석 순서를 살펴보면 다음과 같다.

- 1단계: 블로그, 게시판, 소셜네트워크 서비스 등 다양한 소스를 통해서 텍스트를 수집한다.
- 2단계 : 수집된 텍스트 내의 불필요한 부분을 모두 제거하고 감성과 관련된 단어들만 추출한다. 이후 필요한 텍스트를 수집하고 난 뒤에는 감성 분석에 사용될 텍스트 요소만을 분리하고 분류하는 작업을 한다. 수집된 텍스트에서 감성

과 관련 없는 객관성을 띠는 부분은 제외시키게 된다. 이를 주관성 탐지(subjectivity detection)라고 한다.

- 3단계 : 감정과 관련된 단어로 구성된 감정어 사전을 구성한다. 대표적으로 긍정/부정/중립의 3가지 형태의 감정을 나타내는 형식으로 구성된다.
- 4단계 : 사전과 문장을 비교하여 감정별 분류에 해당되는 단어의 빈도를 계산한다.
- 5단계 : 분석단위별로 감성 극성(sentimental polarity)을 파악한다. 총체적으로 긍정/부정/중립의 세 가지 극성과 이들의 출현빈도를 비교하여 총괄적인 감성 분석을 하게 된다.

2 데이터 마이닝 서비스

앞서 설명한 감성 분석 이외에 연관어 분석 서비스를 제공하는 기업들이 매년 증대하고 있으며 이러한 기업들은 크게 소셜미디어에서 검색어에 대해서 기간별로 출현빈도를 모니터링하고, 해당 검색어와 관련 있는 연관어 맵을 서비스하고 있다. 또한 검색어와 관련된 문장에서 긍정과 부정의 감성을 분석하여 사용자에게 텍스트와 비주얼로 서비스를 제공하고 있다. 국내에서 이러한 서비스를 제공하고 있는 대표적인 기업과 서비스들은 다음과 같다.

1) 썸트렌드, 소셜메트릭스(다음소프트)

다음소프트는 2012년부터 소셜메트릭스의 이름으로 소셜 빅데이터 분석 서비스를 실시하였다. 이 분석도구는 트위터, 인스타그램, 블로그, 커뮤니티, 뉴스 등 온라인상의 다양한 소셜미디어의 데이터를 수집, 분석하여 사용자들에게 유용한 정보를 제공해주고 있다. 즉 사용자가 입력한 키워드에 대해 소셜미디어상에서 노출된 빈도 추세와 관련 연관어 맵을 제공하고, 각 키워드의 긍/부정과 같은 감성정보 등을 제공한다.

소셜메트릭스(www.socialmetrics.co.kr)에서 출발한 이 서비스는 최근 썸트렌드(www.some.co.kr)라는 이름으로 서비스를 개편했으며 일반적인 사용자들은 무료로 한정된 검색기간 동안 서비스를 제공받을 수 있다.

제공되는 서비스를 살펴보면 한 달 동안 나이키가 온라인상에 표현된 트렌드를 보여주고 있다. 특히 11월 중순을 중심으로 크게 언급량이 늘어나는 것을 알 수 있다.

그림 8-1 일별 언급량 추이

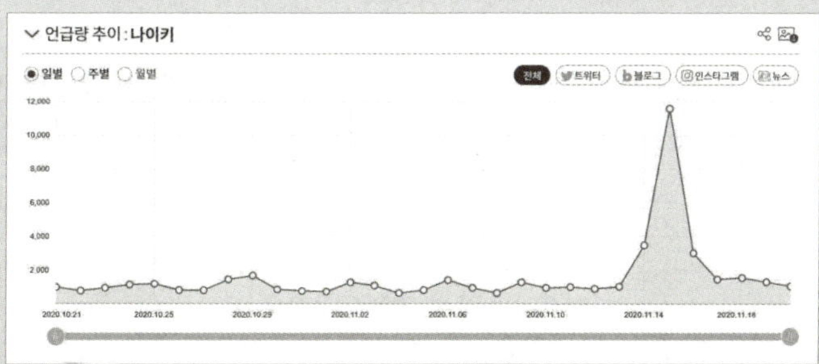

출처 : 다음 썸트렌드(www.some.co.kr)

특히 연관어 분석에서는 11월 중순에 광고 집행한 것을 반영하듯이 많은 소비자들이 나이키 광고를 언급하고 있는 것을 볼 수 있다.

그림 8-2

연관어 변화 추이

2020년 11월 1주차
(2020.11.02 ~ 2020.11.08)

순위	연관어	건수
1	신발	1,228
2	nike	1,155
3	포스	818
4	파라	801
5	애교	713

2020년 11월 2주차
(2020.11.09 ~ 2020.11.15)

순위	연관어	건수
1	광고	11,675
2	영상	10,393
3	동기	10,362
4	터키	1,591
5	화면	1,346

2020년 11월 3주차
(2020.11.16 ~ 2020.11.20)

순위	연관어	건수
1	광고	2,499
2	영상	1,610
3	동기	1,354
4	수수료	831
5	모델	659

출처 : 다음 썸트렌드(www.some.co.kr)

주제어에 대한 감성 분석 결과, 소비자들은 그림 8-3 에서와 같이 나이키에 대해서 61%가 긍정, 19%가 부정적인 감성을 가지는 것으로 나타난다. 이러한 결과를 보면 소비자들은 다양한 차원에서의 긍정적인 감성을 가지는 것으로도 분석되고 있다.

그림 8-3

감성 연관어 분석 결과

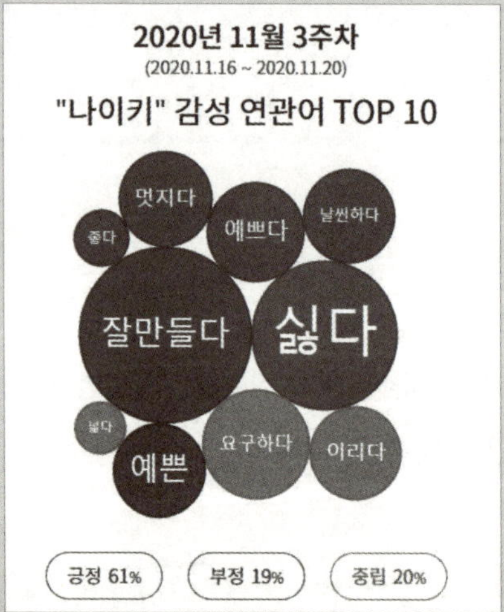

출처 : 다음 썸트렌드(www.some.co.kr)

특히 썸트렌드에서는 연관어 맵을 기간별로 제공하고 있어 다양한 연관어를 네트워크 형태의 맵을 통해서 쉽게 파악할 수 있으며 해당되는 차원의 연관건수도 표를 통해서 확인할 수 있다. 분석 당시에는 나이키가 새로운 광고를 집행하여 광고와 영상에 대한 연관어가 많이 등장하는 것으로 나타난다.

그림 8-4 연관어 맵

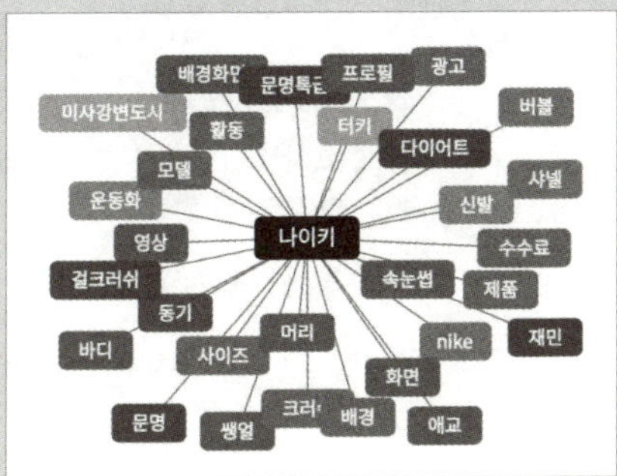

순위	연관어	건수
1	광고	15,166
2	영상	12,003
3	동기	11,716
4	신발	4,179
5	수수료	3,505
6	사이즈	3,423

출처 : 다음 썸트렌드(www.some.co.kr)

한편 썸트렌드에서는 주어진 기간 동안 다른 경쟁 브랜드와 연관어를 비교분석하는 기능도 제공하고 있다. 나이키와 시장에서 경쟁 브랜드인 아디다스의 경우를 비교해보면 그림 8-5와 같다. 아이다스의 경우에는 겨울과 outdoor, 다운 등 계절 제품이 연관되지만 나이키의 경우에는 광고, 운동화 등이 연관어로 연결되어 있음을 확인할 수 있다.

그림 8-5 두 대상 간의 연관어 맵

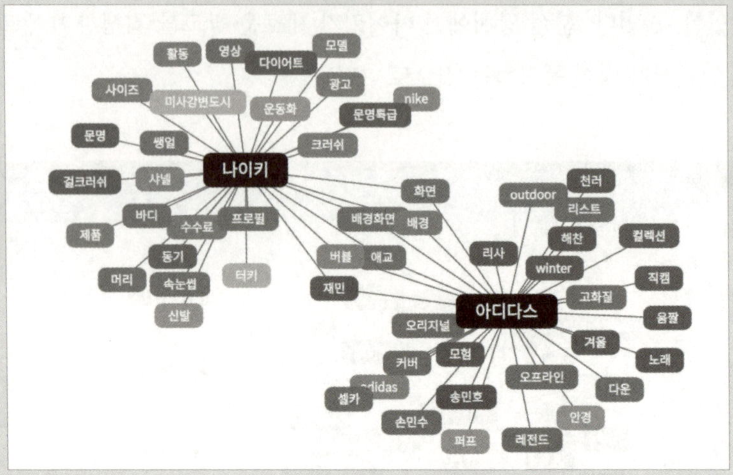

출처 : 다음 썸트렌드(www.some.co.kr)

2) 펄스K(코난테크놀로지)

검색전문업체인 코난테크놀로지는 트위터, 페이스북, 미투데이 및 블로그 등의 소셜미디어를 모니터링하고 분석할 수 있는 펄스K(http://www.pulsek.com) 서비스를 제공하고 있다. 펄스K에서는 최근 14일간의 소셜 인지도와 호감도(긍/부정)를 기반으로 평판을 수치화하고, 기간별로 추이를 모니터링하는 기능을 제공한다.

펄스K의 특징은 그림 8-6 에서와 같이 특정 캠페인 성과를 파악할 수 있도록 기간별 언급량의 변화, 온라인상에서 많이 언급하는 소스에 대한 파악, 실시간 감성 분석 등이 가능하다는 점이 특징이다.

그림 8-6 펄스K의 특징

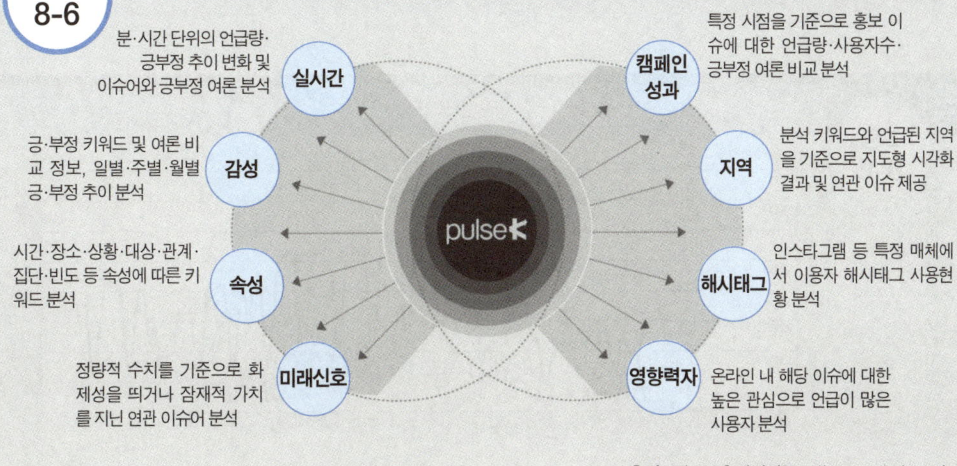

출처 : 펄스K 홈페이지(http://www.pulsek.com)

한편 코로나19의 검색어를 활용해서 관련된 보고서 중 2020년 1월 1일부터 5월 21일까지의 기간 동안 코로나19 긍/부정 감성 분석을 보면 부정이 56%로 나타난다. 긍정적인 단어는 '좋다, 최선, 기대' 등이 나타나며 부정적인 단어 중에서 두드러지는 단어는 '어렵다, 취약, 불안, 부족' 등이 차지하고 있다.

그림 8-7 코로나19 긍/부정 감성 분석 결과

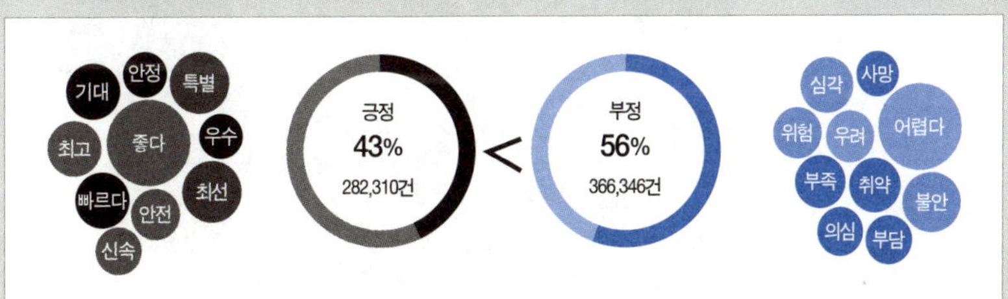

출처 : 다음 썸트렌드(www.some.co.kr)

한편 코로나19에 대한 기간별 언급횟수 분석이 가능한데, 그림 8-8 에서와 같이 긍정적 언급은 3월 26일에 가장 많이 나타나며, 부정적 언급은 2월 26일에 가장 많은 것

그림 8-8 코로나19 긍/부정 감성 분석 결과

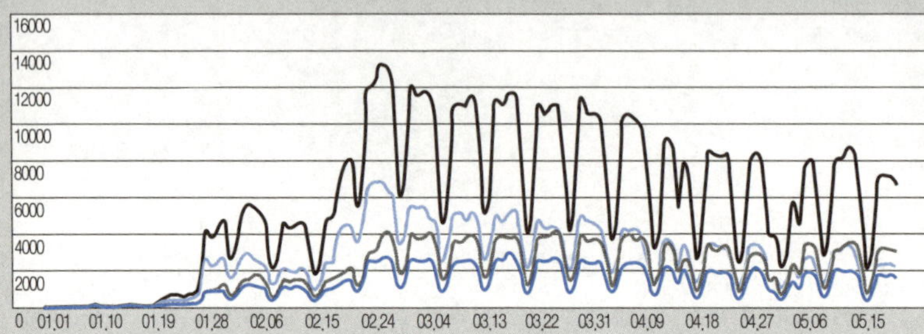

그림 8-9 코로나19와 같이 언급된 이슈들

으로 나타난다. 전체적인 언급량은 2월 26일을 기점으로 점차 줄어드는 추세를 보이고 있다. 이러한 추세를 보면 캠페인을 어느 시점에 할 것인지, 또한 캠페인 결과 어떤 반응이 추세로 나타나는지를 파악할 수 있다.

2020년 1월에서 5월까지 코로나19와 함께 많이 언급된 이슈어는 '감염증, 확산, 확진자' 등으로 나타난다(그림 8-9 참고).

3) 텍스톰(Textom ; 더아이엠씨)

텍스톰(Textom)은 텍스트마이닝 기술을 이용한 빅데이터 분석 솔루션으로 웹상의 데이터를 수집, 정제하며 매트릭스 데이터 생성까지 처리할 수 있는 솔루션이다. 한국어, 중국어, 영어로 된 데이터 수집이 가능하며, 소스로 네이버, 다음, 구글, 바이두, 트위터, 페이스북 외 특정 사이트를 포함한 폭넓은 데이터 수집 채널을 지원한다.

그림 8-10 TEXTOM의 특징

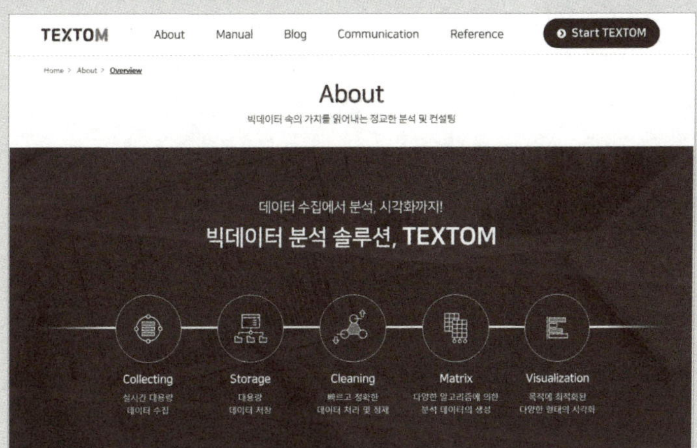

이 솔루션은 분석 결과를 SPSS, UCINet, NodeXL, NetMiner, Pajek, Gephi 등 다양한 통계 분석 프로그램을 적용해서 재분석할 수 있다는 장점이 있다.

PART Ⅳ

디지털 마케팅 커뮤니케이션 전략

제 9 장

디지털 캠페인 기획 및 실행 과정

1. 상황 분석

2. 광고 캠페인 목표 설정(Campaign objective setting)

3. 목표집단 선정(Targeting)

4. 미디어 플래닝과 실행

| 제9장 |

디지털 캠페인 기획 및 실행 과정

1 상황 분석

상황 분석은 표현 그대로 시장을 둘러싼 브랜드를 둘러싼 상황에 대한 분석을 의미하는데, 시장 분석, 경쟁 분석, 제품 분석, 소비자 분석 등이 포함된다.

1) 시장 분석

시장의 전체적인 움직임을 파악하기 위해서 기업 및 브랜드에 거시적으로 영향을 미칠 수 있는 외적, 내적인 환경요소를 분석한다. 또한 국내외의 변화하는 정치, 경제, 사회, 법률적인 요인 외 과거 수년간 업계의 주요 변천사, 업계의 최근 성장률 추이 및 원인, 향후 업계의 시장 전망 등에 대해서 분석한다. 업계와 관련된 규제사항이나 소비자 보호제도 등의 조사도 필요하다.

시장을 설명할 수 있는 조사항목으로는 시장규모, 시장성장률, 매출액, 시장점유율 등을 들 수 있다. 좀 더 세분화해서 시장구성원들의 인구통계학적, 지역별 특징, 계절별, 규격별, 유통별, 가격별 시장조사 자료를 파악하고 이를 바탕으로 캠페인의 목표를 설정하면 유용하다. 다음 사이트들에서 제공하는 다양한 리포트를 활용하여 시장 분석을 할 수 있다.

① 삼성, 엘지, KT 등 경제경영연구소 리포트

기업에 영향을 줄 수 있는 글로벌 경제의 흐름, 기업을 둘러싼 트렌드의 변화 등을

그림 9-1 경제연구소 홈페이지

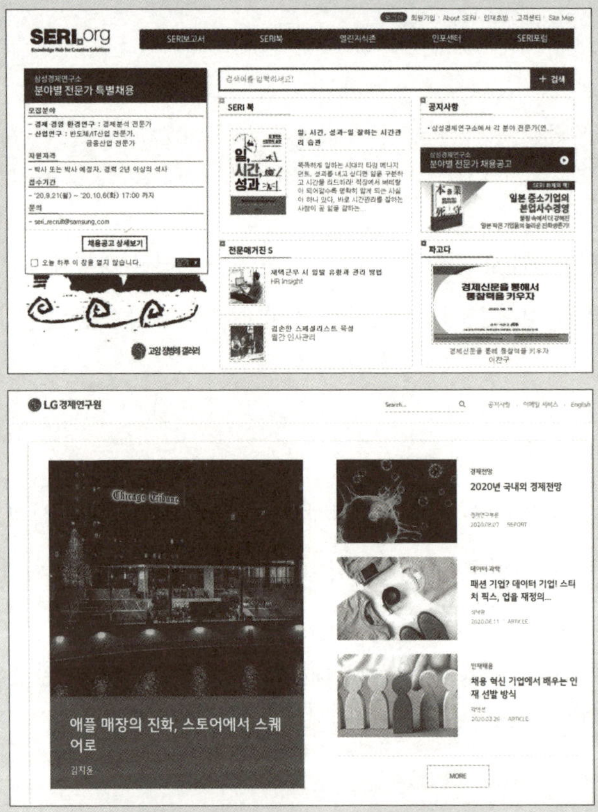

출처 : 삼성경제연구소 홈페이지(https://www.seri.org)(위)
LG경제연구원 홈페이지(http://www.lgeri.com)(아래)

파악하는 자료로 활용한다.

② 증권사 애널리스트의 시장 분석 자료

각 분야별 애널리스트들이 다양한 자료를 바탕으로 정리한 상장사 중심으로 한 사업 전반 분석 리포트를 바탕으로 시장에 참여한 기업 및 브랜드의 동향을 파악할 수 있다.

③ 금융감독원 전자공시 시스템

각 기업별로 분기, 반기 보고서 내 사업 내용에 점유율 정보 등을 확인할 수 있다.

2) 경쟁 분석

경쟁사의 주요 동향을 분석하기 위해서 시장점유율 등 업계자료 분석이 필요하다. 이를 위해서 주주들에게 제공되는 공시자료나 증권사에서 각 사의 공시자료를 분석하거나 카테고리별 유망종목 등을 리포트한 내용을 참고하면 시장 내의 움직임을 파악하기 용이하다.

연간으로 출간되는 업계지도 등 백서 형태의 자료를 참고하는 것도 도움이 된다. 예를 들면 업계지도에서는 카테고리별 업계 순위 / 매출액의 정보들을 일목요연하게 정리하여 참고하기에 편리하다.

경쟁 커뮤니케이션 분석을 통해서는 경쟁사 간 광고비 분석, 광고 크리에이티브 분석, 광고매체 분석, 광고 관련정보 분석이 필요하다. 이를 통해서 기존의 경쟁사들이 어떤 방식으로 캠페인을 진행했고 시장에서 어떤 전략을 구사했는지를 파악할 수 있다.

그림 9-2 시장분석을 위한 업계지도

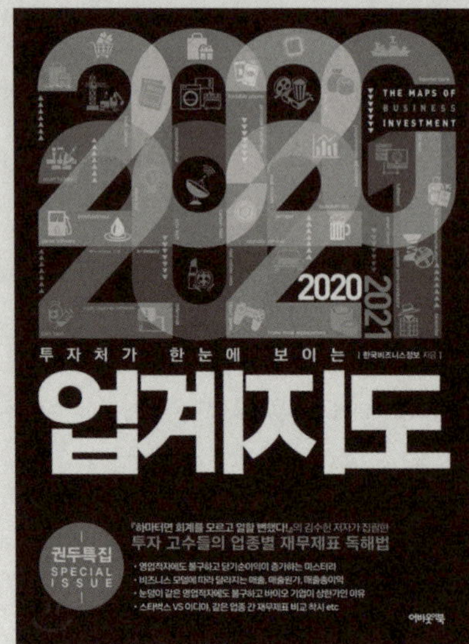

이를 파악하기 위해서 경쟁사 광고주 사이트, TVCF.com, 애드리서치, 닐슨 아덱스를 통한 통합적 커뮤니케이션 조사 및 해당 카테고리 관련 협회, WARC와 같은 DB를 활용하여 해외 동종 커뮤니케이션 분석과 포지셔닝 사례 파악을 시도할 필요가 있다.

3) 제품 분석

정확한 경쟁사들의 제품특성 분석을 위해서 관련된 제품들에 대한 조사, 분석이 필요하다. 분석 항목으로는 제품성분, 제품기능, 제품품질, 제품 내용물 형태 및 색상, 제품용기, 제품디자인, 제품포장 등 다양한 측면에서의 정보 분석이 요구된다. 또한 제품의 포지셔닝 맵 분석이 필요하며 이를 통해서 소비자가 자사 및 경쟁 제품에 대하여 갖는 시장에서의 머릿속의 지각적 위치를 파악할 수 있다.

한편 제품수명주기를 파악해야 하는데 이를 통해서 정확한 위치를 파악하기는 쉽지 않지만 대략적으로 시장환경요인들의 변화에 따라 도입기, 성장기, 성숙기, 쇠퇴기 단계를 확인하여 자사 제품이 어느 단계에 있는지를 파악하고 전략을 고려할 수 있다. 즉 시장에서 수요가 감소되는 현상이 나타나더라도 시장포화 현상 때문인지, 신기술의 급속한 발전에 따른 기존 제품의 대체 현상인지, 또는 신제품이 출시되어 성공적인 마케팅 전략을 수행하여도 경쟁제품의 시장세분화 전략으로 시장점유율이 감소하는 완전경쟁 현상인지를 분석하고 대처할 수 있게 되기 때문이다.

4) 소비자행동 분석

제품에 대한 소비자의 구매 및 사용행동과 반응은 다음과 같은 항목을 중심으로 분석한다.

① 소비상황에서 영향을 미칠 수 있는 사회적 영향, 구매 접점, 빈도, 방법, 평균소비량은 어느 정도인지를 파악하는 것이 필요하다.
② 품질, 가격, 포장, 스타일에 대한 태도 및 브랜드의 평판이 어떠한지 알아보기 위해 소셜미디어에 게시된 브랜드에 대한 리뷰 등을 분석할 필요가 있다.
③ 지사 및 경쟁 브랜드에 대한 최초의 비보조 및 보조인지도에 대한 자료를 온라인 서베이 결과를 통해서 분석해야 한다. 이러한 분석을 통해서 소비행동에 영향을 미치는 요인에 대한 빅데이터, 연관어, 감성어, TPO(time, place, opportunity) 분석을 한다.

디지털상에서의 트래픽을 통한 소비자행동 분석도 유용하다. 코리안클릭 등과 같은 사이트들은 각종 사이트의 웹 트래픽을 분석하는 서비스를 제공하며, 인터넷 웹사이트 접속률 및 순위 통계, 인터넷 이용 행태 및 환경, 사이트 방문자에 대한 인구

그림 9-3 소비자 행동 분석을 위한 코리안클릭

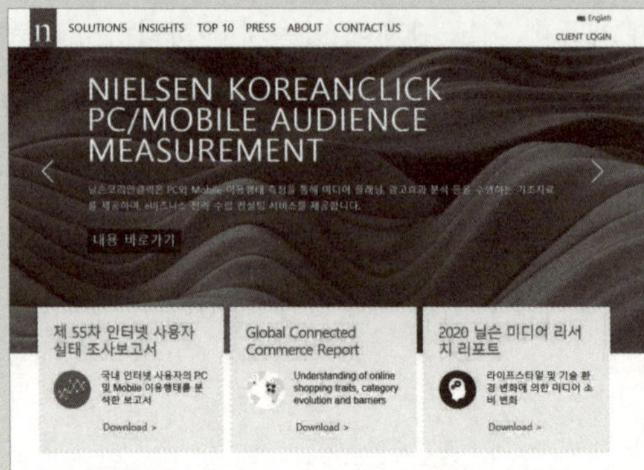

출처 : 코리안클릭 홈페이지(http://www.koreanclick.com)

그림 9-4 소비자행동 분석을 위한 랭키닷컴 홈페이지

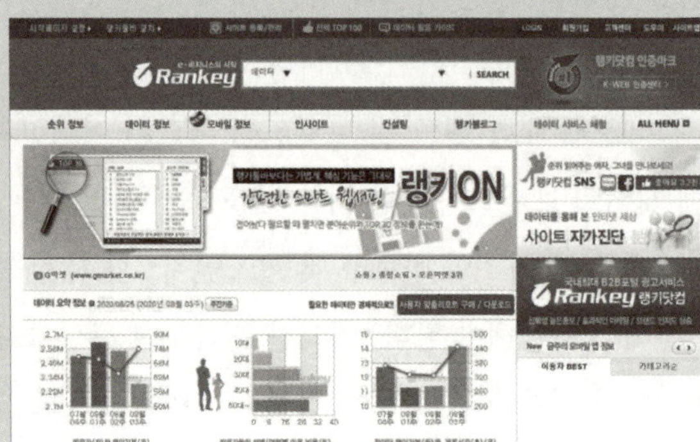

출처 : 랭키닷컴 홈페이지(www.rankey.com)

학적 통계 분석 등 사이트에 대한 기본 정보를 파악할 수 있다.

랭키닷컴은 사이트나 모바일앱 등의 순위를 중심으로 정보를 제공한다. 이를 통해 경쟁사 대비 브랜드의 상대적 위치를 파악하는 데 도움을 받을 수 있다. 또한 랭키툴바를 설치한 패널 구성원들이 각종 사이트를 방문한 행태를 바탕으로 이용자 행동 분석을 정리한 트래픽 자료를 제공한다.

다음소프트 썸트렌드는 관심 키워드의 언급량 추이/연관어 분석/감성어 분석을 월간/주간 단위로 제공한다.

제일기획 소비자의견 분석 시스템은 버즈량 분석/연관어/감성어/TPO/해시태그 분석을 제공하며, 거리근접도에 따른 빅데이터 분석도 함께 제공하여 심층적인 소비자 분석이 가능하다.

그림 9-5 썸트렌드 연관어 추이 분석

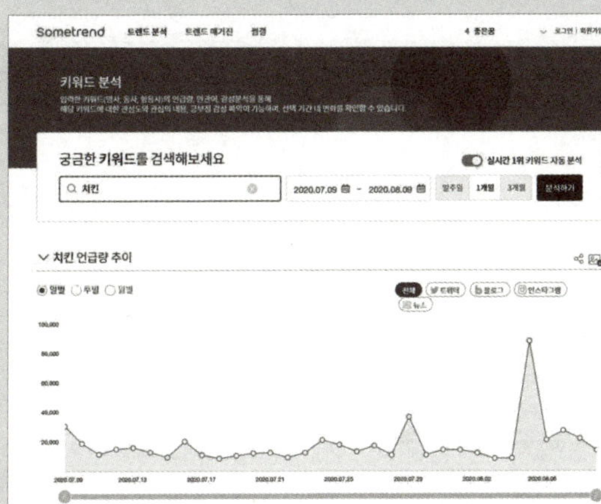

출처 : 다음소프트 썸트렌드 홈페이지(https://some.co.kr/)

그림 9-6 제일기획 소비자 의견 분석

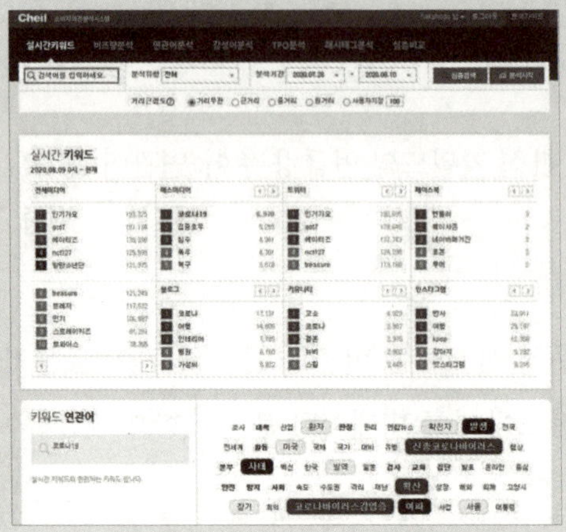

출처 : 제일기획 소비자의견 분석 시스템(http://www.cheilsma.co.kr/index)

2 광고 캠페인 목표 설정(Campaign objective setting)

먼저 광고 캠페인 목표 설정을 위해서 광고주가 작성한 캠페인을 위한 제안요청서를 의미하는 RFP(Request for Proposal)를 바탕으로 금번 캠페인에서 강조되어 진행해야 할 내용이 무엇인지를 파악하는 것이 매우 중요하다.

RFP는 시장 상황 속에서 당면한 과제, 프로젝트의 목적 및 의사결정권자의 의중 등과 같이 캠페인을 준비하며 가장 중요하게 파악하여야 하는 문서로서, 이를 바탕으로 제안서를 제출하기 직전 또는 프레젠테이션 직전까지 꼼꼼하게 보아야 목적에 부합하는 캠페인을 제안할 수 있다. 따라서 제안요청서를 꼼꼼히 살펴보는 것이 매우 중요하며 이는 캠페인 전략 목표를 세우는 데 가장 기본적인 초석이 된다.

그림 9-7 디지털 캠페인의 대표적 목표

- 01 인지도 형성 — 제품이나 브랜드를 알리자
- 02 정보 제공 — 자세하고 다양한 정보를 알게 하자
- 03 구매 증대 — 제품 판매 채널로 활용하자
- 04 관계 관리 — 고객과 꾸준히 관계를 맺고 유지하자

1) 브랜드 인지도의 제고

디지털 광고뿐 아니라 모든 광고는 자사의 제품이나 브랜드를 사람들에게 알리려는 것을 목표로 한다. 디지털 채널은 초창기에는 TV CF 등 기존 오프라인 광고와 비교했을 때 인지도 제고보다는 경품을 활용해서 이벤트를 알리고 사이트로 방문을 유도하는 수단 정도로 인식되었으나 최근에는 브랜드 인지도 제고 등 브랜딩 매체로의 위상이 높아졌다. 특히 2030 젊은층이 주 타깃인 영화, 공연, 게임 등의 광고는 디지털 광고를 인지도 형성의 주요 수단으로 활용하고 있다.

그림 9-8 인지도 향상 목적의 네이버 메인 노출 배너 Creative

출처 : 해당 광고 페이지(2020. 8. 9. 기준)

특히, 디지털에서 인지도 향상에 중점을 두는 브랜드들이 있다. 예를 들어 소득이나 연령 타깃이 명확한 새로운 게임이나 신차 출시의 경우나 정밀한 지역 타깃팅이 필요한 지역 브랜드, 그리고 디지털이 주요 영업 접점이 되는 브랜드의 경우에는 디지털 캠페인을 통한 브랜드 인지도 향상에 매우 중요하다.

브랜드의 인지도는 직접적인 광고를 통해서 인지도를 향상시킬 수도 있지만 배너 광고와 같은 DA뿐만 아니라 동영상 등의 콘텐츠도 인지도 향상을 위해서 사용하는 중요한 도구가 된다. 즉 브랜드에 대한 인지도를 높이기 위한 영화, 뮤직비디오, 예능, 드라마 등을 활용하여 콘텐츠를 접한 사용자들이 자발적으로 바이럴을 하여 브랜드 콘텐츠가 전파되도록 다양하게 콘텐츠를 기획할 수 있다. 이와 같이 단순 PPL을 넘어선 팬덤과 결합된 콘텐츠는 광고가 없이도 팬들이 미디어 역할을 대신하여 굉장한 파급력을 갖기도 한다.

그림 9-9 인지도 향상을 위한 동영상 콘텐츠

시리즈 콘텐츠로 자리 잡은 딩고×참이슬의 〈이슬라이브〉 / 이태임-예원 이슈를 발 빠르게 활용한 〈패러디 영상〉 / 헛개차의 "네가 왜 거기서 나와"를 숙취 상황으로 개사한 〈뮤직비디오〉 / 이니스프리의 〈달콤 청춘〉과 맥심의 〈깐대〉

출처 : 해당 광고 페이지

유튜버, 블로거, 인스타그래머 등 디지털 내 유명 인플루언서를 활용하는 방법도 있다. 연예인처럼 넓은 연령층의 대중적인 인지도는 부족하지만 디지털 콘텐츠에 익숙한 젊은 세대들을 중심으로 유명 인플루언서들의 영향력이 증가하고 있다. 이들은 기획 초기부터 정교하게 잘 활용한다면 저렴한 비용으로 폭발적인 매출까지 기대할 수 있는 접근법이다.

그림 9-10 **인지도 향상을 위한 셀럽 활용**

먹방 유튜버들 사이에서 시작하여 500호점을 돌파한 〈푸라닭〉

뷰티 브랜드와 유튜버 콜라보 완판 사례 〈리더스코스메틱×깡나〉

현대백화점 면세점 인지도 향상을 위해 한/중 100인의 인플루언서 마케팅 사례

출처 : 해당 광고 페이지

2) 제품이나 서비스에 대한 정보제공

영화나 공연처럼 디지털 광고를 통해 강한 인상을 심어주어 감성적으로 알리는 캠페인도 있지만 세부적인 정보를 제공해서 구매를 유도하는 이성적인 설득을 목표로

그림 9-11 **정보제공형 광고**

SNS상에서 "강민경 네일"로 유명한 올리브 컬러 네일 제품을 직접 소개하는 강민경 〈데싱디바〉

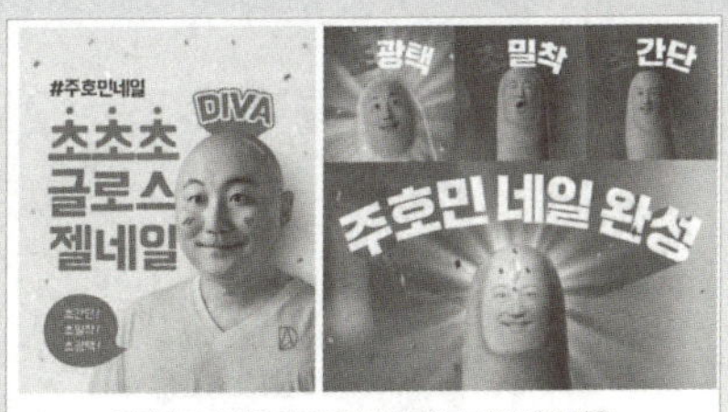

경쟁사 대비 낮은 인지도의 데싱디바 스티커 네일 제품
자사의 특장점을 파격적인 모델을 기용해서 정보 전달

출처 : 해당 광고 페이지

하는 캠페인도 많은 편이다. 사용자들이 사이트를 방문하면 기본적으로 브랜드나 제품에 대해 자세히 정보를 얻게 된다고 간주할 수 있지만, 대부분의 방문자는 한눈에 둘러보고 자신이 원하는 정보를 즉시 발견하지 못하면 쉽게 사이트를 이탈한다.

따라서 자사 제품만의 강점을 자세히 설명하기 위해 상세정보를 잘 처리해서 노출시키는 것만으로는 부족하다. 예를 들면 애플은 신제품 출시 시기에 프레스 프레젠테이션을 한다. 이 동영상은 발표 직후 인터넷을 통해 전 세계로 재빨리 퍼져 나간다. 이 프레젠테이션을 통해서 이전 버전의 자사 제품 및 경쟁 제품과의 차별점을 강렬하게 표현하고 그 내용은 공식 사이트와 채널을 통해서 공개된다. 이와 같이 정보 전달 방법에도 브랜드만의 전략적 아이디어가 필요하며 이를 통해서 소비자들의 관심을 끌어내게 된다.

또한 정보 전달에 있어서 브랜드가 직접 전달하는 방법보다 소비자의 목소리를 빌려 그들의 경험을 정보와 함께 공유하는 것이 효과적일 때가 있다. 소비자들은 같은 소비자 입장의 후기 정보를 더 신뢰하는 경향이 있기 때문이다. 브랜드들은 론칭 초기에 커뮤니티 또는 기존 애호 고객들 대상으로 체험단, 리뷰 이벤트 등을 운영하여 우호 콘텐츠를 확보하려는 노력을 많이 한다.

그림 9-12 이벤트, 체험형 캠페인

출처 : 해당 광고 페이지

3) 직접적인 매출 증대

디지털 광고를 노출하게 되면 다단계의 전환 과정을 통해서 매출로 이어지는 가능성이 있기 때문에 광고주 입장에서는 직접적인 매출을 증대하기 위해 캠페인도 진행한다. 쇼핑몰이나 전자상거래 기능을 갖춘 사이트에서는 구매 증대를 목적으로 하는 광고와 프로모션에 적극성을 띤다. 이러한 경우에는 사용자들이 구매와 관련된 의사결정에 도움을 주는 정보를 제공하여 구매 유도를 시도하므로 광고제작물도 제품 이미지와 가격 등의 정보가 중심이 되고, 최소한의 메시지로 명확하게 전달하는 형태로 제작된다.

그림 9-13 구매 증대 목적의 네이버 메인 노출 배너 광고

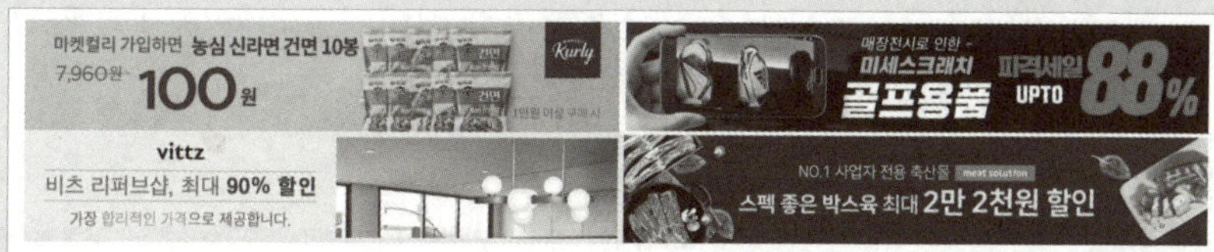

출처 : 해당 광고 페이지

4) 고객과의 관계 관리

파레토 법칙에서와 같이 디지털 쇼핑에서 우량고객 10%가 전체 매출 60% 이상을 차지하는 상황에서 브랜드애호도가 높은 고객들과 관계 맺기를 하고 유지하는 것이 많은 브랜드 마케터의 관심사가 되었다. 특히, 디지털 마케팅의 중요한 목적 중 하나가 고객과의 쌍방향 커뮤니케이션을 적극 활용해서 관계를 지속적으로 유지하는 것이다.

그림 9-14 브랜드 론칭 초기부터 브랜드 팬들과 적극적인 관계 맺기 힘을 쏟은 〈배달의 민족〉

출처 : '배달의 민족' 광고 페이지

이미 많은 기업에서 SNS를 구축하고 고객들과 친밀한 관계를 쌓고 있다. 특히, 신세계 정용진 부회장 등 기업을 대표하는 CEO들 중에서도 SNS를 활용해 고객들과 관계를 맺는 사례가 늘고 있다. 예전 세스코 게시판 사례나 충주시청 사례처럼 SNS에서의 의외의 활동들이 보수적이고 딱딱한 이미지를 바꾸고 새로운 관계 형성에 도움을 주어 브랜드 자체의 이미지 개선에 큰 도움을 주기도 한다.

그림 9-15 SNS를 통해 브랜드와 고객 간의 강력한 연결고리가 만들어졌던 사례

출처 : 신세계 정용진 부회장 SNS(좌), 충주시청 SNS(우)

그림 9-16 〈블랙야크〉가 만든 커뮤니티 브랜드 BAC(BlackYak Alpine Club) 사례

- 전체 신규 회원 가입자 중 30% 이상은 20-30대, 2019년 신규 가입자 수는 4만 명
- BAC 회원 수는 14만 명에 육박하며, 별도의 홍보도 없이 산을 다니는 사람들 사이에서는 이미 유명해진 브랜드
- 불특정 다수가 아닌 특정 소수 공략
- 전체 매출의 14.9%를 차지하여 지난해 대비 5.9% 증가
- 팬들을 교육할 수 있는 상설 알파인 센터 운영/공동프로젝트 등을 통해 활성화 노력

팬들을 교육할 수 있는 상설 알파인 센터 운영 / 공동 프로젝트 등을 통해 활성화 노력

이외에도 직접적으로 매출에 영향을 미치지는 않지만 향후 간접적으로 매출을 상승시키기 위하여 ① 잠재적인 고객 증대, ② 고객 DB 확보 등과 같은 목표들도 포함된다.

(1) 잠재고객의 증대

디지털 광고 캠페인이 즉각적인 매출로 이어지지는 않는다고 해도 향후의 매출을 위해 웹사이트로의 사용자를 유입하는 것을 목적으로 진행할 수 있다. 실제로 모바일 광고의 성과를 분석하면 구매율이 매우 낮은 것으로 나타나지만 그러한 고객들도 향후에 웹을 통해 제품을 구매하므로 전체 매출 볼륨이 상승할 수 있다.

또한 제품에 대한 사용자들의 관심을 높이기 위한 이벤트를 기획하고 실행하여 참가하는 고객을 확보해 나갈 수 있다. 이를 위해서 제품에 대한 직접적인 광고보다도 이벤트 광고를 SNS에서 네이티브 광고 형태로 진행함으로써 사용자들의 브랜드에 대한 관심을 더욱 고조시킬 수 있다.

(2) 고객 DB의 확보

보험과 같은 장기계약이나 고가의 제품이라면 고객이 느끼는 지각적 위험수준이 높기 때문에 더욱 자세한 추가적인 설명이 필요하다. 이 경우에는 콜센터 직원이 추가적인 상담을 함으로써 고객에게 확신을 줄 수 있기 때문에 사용자로 하여금 컨택포인트에 일단 접근하게 유도하는 것이 중요하다.

이외에도 다양한 디지털 매체 차원에서 표 9-1과 같은 캠페인 목표를 달성하기 위해서 캠페인을 진행할 수도 있다.

표 9-1 디지털 매체의 캠페인 목표들

목표	사용 상황
브랜드 인지 및 도달	• 시각적으로 매력적인 광고를 통해서 많은 잠재고객에게 도달시킨다. • 관련성 높은 잠재고객의 인지도를 높인다.
리드(lead)	• 잠재고객 중에서 특히 가망고객이 뉴스레터에 가입하거나 연락처 정보를 제공하도록 하는 등 제품 또는 서비스에 관심을 표현하도록 유도한다.
웹사이트 트래픽	• 잠재고객으로 하여금 목표로 하는 웹사이트를 방문하도록 유도한다.
제품 및 브랜드 구매 고려	• 자사 제품 또는 서비스의 차별화된 특징을 고객에게 이해시킨다. • 잠재고객이 제품을 검색 또는 쇼핑 중일 때 자사 브랜드 또는 제품을 고려하도록 유도한다. • 자사 브랜드에 관심을 보인 사용자의 참여(engagement)를 유도한다. • 자사 브랜드 사용자가 향후에 자사 브랜드 재구매를 고려하도록 유도한다.
판매	• 온라인, 앱, 전화, 매장을 통한 판매 또는 전환을 촉진한다. • 이미 자사에 컨택을 했거나 곧 구매 결정을 내릴 고객의 참여(engagement)를 통해서 구매를 유도한다.

여기서 리드(lead)란 간단하게 말해 기업이 판매하고 있는 제품에 관심이 있는 개인 혹은 조직을 의미하며, 여기서 관심이 있다는 것은 이들의 이메일 주소, 전화번호, 소셜미디어 계정 등과 같은 개인 연락처 정보를 제공하는 행동을 나타내는 것이다.

매체별로 살펴보면 페이스북과 인스타그램, 트위터 역시 공통적으로 브랜드 인지도 증가를 목적으로 한 캠페인 목표 설정이 주를 이루고 있다.

인스타그램의 경우 브랜드 인지도 정가의 29%의 목표를 두고 있으며, 브랜드 스토리를 전달하는 데 24%의 목표를 두고 있고, 페이스북처럼 참여도를 증가시키는 데 10% 정도의 캠페인 목표를 두는 것으로 나타나고 있다. 트위터의 경우에도 실행된 캠페인들의 목표의 29%가 인지도 증대를 위한 캠페인으로 나타나며 두 번째로는 참여도 증가가 24%, 세 번째로는 콘텐츠 배포가 11% 순서로 나타난다.

표 9-2 디지털 매체별 활용 목표

페이스북		인스타그램		트위터	
브랜드 인지도 증가	34%	브랜드 인지도 증가	29%	브랜드 인지도 증가	29%
참여도 증가	21%	브랜드 스토리 전달	24%	참여도 증가	24%
구매 유도	11%	참여도 증가	10%	콘텐츠 배포	11%
웹 트래픽 증가	10%	–	–	–	–

출처 : 나스미디어

페이스북을 미디어로 활용하는 경우에 설정할 수 있는 캠페인 목표를 살펴보면 페이스북에서 제공하는 광고 목적은 다양하지만 크게 3가지로 구분된다. 먼저 브랜드 인지도 확보를 위한 인지도(awareness), 참여(engagement) 등을 통한 고려(consideration) 단계, 그리고 제품 구매 및 앱 다운로드와 같은 전환(conversion)으로 구분할 수 있다.

인지도 확보의 경우에 브랜드에 관심을 가질 가능성이 높은 사람에게 콘텐츠를 도달시켜 브랜드 인지도를 높이거나 최대한 많은 사람에게 콘텐츠를 도달(reach)시켜 얻게 된다. 여기서 참여(engagement)와 리드(lead)의 정의가 다양하게 사용되고 있는

데, ARF(American Research Foundation)에서 참여의 정의를 살펴보면 주변 환경을 (광고 자극으로) 강화시킴으로써 가망고객(prospects)들로 하여금 브랜드가 제시하는 아이디어에 주의를 돌리도록 하는 것(Turning on a prospect to a brand idea enhanced by the surrounding context)이라고 하였다.

이와 같이 사용자의 참여를 기대할 때 적절한 광고 전략은 타깃팅을 정교화하여 해당 정보를 중복노출시키는 것이다. 즉 단순노출 이론(mere exposure theory)에서와 같이 사용자가 어떤 메시지에 대해서 지속적으로 노출되는 경우에 처음에는 생소하지만 반복적인 노출 결과 친숙성(familarity)을 가지게 되기 때문이다.

예를 들면 동영상 캠페인을 진행하는 경우에 1차 동영상을 시청한 이용자에 대해서 재타깃팅을 하게 되면, 친숙성이 상승되어 재노출된 동영상이나 관련된 포스트에 좋아요 버튼을 누르거나 댓글을 남길 확률이 높기 때문이다. 기존에 웹페이지를 방문해 제품 검색을 했지만 구매를 하지 않은 이용자에게 다시 한번 제품 구매를 유도하는 광고를 노출시킨 경우에는 좀 더 구매할 확률이 높아지게 되는 것이다. 또한 제품에 대해서 더 알아보기, 예약하기, 전화하기 등과 같은 행동유도버튼(CTA)을 통해서 사용자의 참여를 높일 수 있다.

또 다른 예로서 웹사이트를 클릭할 가능성이 높은 사용자에게 콘텐츠를 도달시켜 웹 트래픽을 높이거나 영상을 조회할 가능성이 높은 사용자에게 콘텐츠를 도달시켜 영상 조회를 높이게 된다. 또한 잠재고객 확보(lead)를 목표로 DB를 입력할 가능성이 높은 사용자에게 콘텐츠를 도달시켜 사용자 DB를 확보한다.

전환 단계에서는 구매나 회원 가입 등 전환할 가능성이 높은 사용자에게 콘텐츠를 도달시켜 기대하는 특정 전환을 높일 수 있다. 또한 앱의 경우에는 앱 내에서의 구매, 회원 가입 등 전환할 가능성이 높은 사용자에게 콘텐츠를 도달시켜 앱 전환을 높이게 되며, 타깃별로 제품 카탈로그의 제품을 자동으로 표시하여 매출을 높이는 것을 목표로 정하게 된다.

이러한 목표 설정은 현재 자사 브랜드 및 서비스가 마케팅 퍼널 내 어디에 위치해 있고 어떤 비즈니스 목표를 갖고 있는지에 따라 목표를 설정해야 하며, 이를 바탕으로 전략적인 차원에서의 브랜드 목표와 매체에서의 실행 목표를 순차적으로 결정하면 된다.

3 목표집단 선정(Targeting)

인터넷 서핑 중에 검색했던 키워드들을 분석하여 배너 광고로 노출시키는 구글의 GDN(Google Display Network) 광고가 대표적인 온라인 타깃팅 광고이다. 이러한 빅데이터 기반으로 접근하는 타깃팅 광고는 최근 주목받고 있는 퍼포먼스 마케팅의 출발점이기도 하다.

전통적인 마케팅에서의 타깃팅은 유사한 소비자들을 집단화시키기 위해서 먼저 심리적 변수와 행동변수들을 바탕으로 소비자들을 분석하고 이를 이용하여 다시 개개인 소비자들을 집단으로 묶어서 목표시장을 설정하게 된다. 따라서 전통적인 마케팅에서의 목표시장 설정은 집단 개념이 강하며, 이를 바탕으로 제품 개발, 기획 단계부터 유통까지 마케팅믹스를 통하여 실행하게 된다.

이에 반해서 디지털 마케팅에서는 전통 마케팅과는 달리 작은 집단이나 개인이 목표가 되며 기획 및 마케팅까지 필요한 자원이 적고 실시간 추적을 통해서 설득 과정을 거쳐 전환시키는 것이 중요한 점이다. 따라서 디지털 마케팅은 커뮤니케이션이라는 측면이 강하다.

또한 전통적인 마케팅에서는 1차 타깃팅인 목표집단 이외에 2차 목표집단도 설정하지만 실제로 마케터 입장에서는 전략적 우선순위가 낮으며, 이 집단 소비자들의 유입 여부를 확인하기도 쉽지 않다. 하지만 디지털 마케팅에서의 타깃팅은 1차 타깃 이외에도 유사 타깃 등 사용자들의 행동전환 가능성이 높은 타깃들을 순차적으로 공략이 가능하고 추적이 가능하다는 점이 명확한 차이라고 할 수 있다.

온라인에서 많이 사용되는 타깃팅 방식은 다음과 같은 7개의 방식으로 구분할 수 있다.

- 문맥 타깃팅 (Contextual targeting)
- 행동 타깃팅(Behavioral targeting)
- 리타깃팅(Retargeting)
- 일차 데이터 타깃팅(First-party data targeting)
- 인구통계적 타깃팅(Demographic targeting)
- 지역별 타깃팅(Geolocation targeting)
- 시간 및 외부 조건기반 타깃팅 (Time/External condition-based targeting)

1) 문맥 타깃팅(Contextual Targeting)

문맥 타깃팅은 사용자가 방문한 페이지를 기반으로 검색엔진이 분석해 놓은 주요 키워드 및 페이지의 내용을 통해 키워드와 내용에 관련된 광고를 노출하는 것이다. 이 방식은 사용자의 데이터를 사용하지 않고서도 접속한 웹사이트에서 보이는 콘텐츠를 기반으로 관련 광고를 노출할 수 있다.

예를 들어서, 어떤 사용자가 웹을 통해서 피자 관련 기사를 보고 있으면 피자와 관련된 음식 단어가 웹페이지에 많이 존재하게 된다. 즉 문맥 타깃팅 방식을 사용한다면 피자, 이탈리아라는 단어가 웹페이지에 많이 등장하는 것을 크롤링을 통해서 감지하고 해당 페이지에 피자브랜드 광고를 게시하게 된다.

(1) 국내 문맥 타깃팅 시장 현황

문맥 타깃팅 방식은 현재 국내에서 인터웍스와 구글 애드워즈를 통해 집행이 가능하다. 인터웍스의 경우 약 16개의 언론사를 중심으로 네트워크화가 되어 있으며, 광고주가 광고 목적에 맞는 키워드나 주제를 선택하면, 해당 내용이 있는 기사 면에 타깃팅되어 광고가 노출된다. CPM 방식으로 판매하고 있으며, 기본 CPM 3,500원으로 진행되고 있다. 일반 플래시 배너 형식뿐만 아니라, 동영상 광고 진행이 가능하다는 장점을 가지고 있다.

구글 애드워즈를 통한 문맥 타깃팅의 경우 Google Contents Network에 포함된 언론사, 커뮤니티, 개인 블로그 등 약 11,000여 개의 사이트를 통해 광고주의 광고 목적과 부합되는 콘텐츠 매칭을 통해 광고 노출이 가능하다. 판매 방식은 CPM, CPC 집행이 가능하며, 이는 여러 광고주 사이의 경쟁입찰 방식을 통해 노출 우선순위가 정해진다. 이러한 노출 우선순위는 단순히 높은 CPC로 입찰한다고 순위가 높아지는 것이 아닌, 평균 CTR 등의 변수가 반영되어 품질평가지수를 실시간으로 분석하여 노출 순위가 정해진다.

구글 문맥 타깃팅의 장점은 입찰을 통한 CPC, CPM 진행을 통해서 보다 비용 효율적인 집행이 가능하며, 운영 과정에서도 각 키워드 그룹별로 다른 소재 세팅이 가능하다는 점이다. 즉 동일한 브랜드 광고라고 하더라도 축구, 월드컵, 프리미어 리그 등의 키워드에는 축구와 관련된 소재를 노출하며, 야구와 관련된 키워드에는 야구와 관련된 광고 소재를 노출시켜서 사용자와의 관련성을 극대화시키게 된다.

그림 9-17 구글 문맥 타깃팅 프로세스

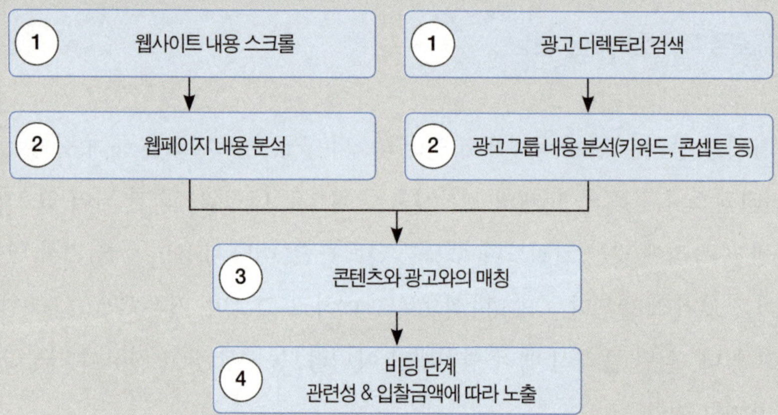

(2) 문맥 타깃팅의 기준 방식

① 사이트 카테고리 타깃팅

IAB(Interactive Advertising Bureau)에서 정의한 약 300개의 카테고리를 중심으로 분류된 페이지에 광고를 노출시킨다. 이 방식은 퍼블리셔 사이트 또는 애플리케이션의 사이트 카테고리를 기준으로 최상위 수준의 광고를 타깃팅할 수 있다는 장점이 있다. 여기서 IAB는 인터넷 산업 표준을 개발하고 연구를 수행하며 온라인 광고 산업에 대한 법적 기준을 제공하는 조직이다.

② 페이지 콘텐츠 기준의 문맥 타깃팅

페이지 내부에 있는 텍스트 또는 콘텐츠를 기반으로 관련된 광고를 노출시키게 된다.

③ 도메인/앱별 타깃팅

구체적으로 하나의 특정 도메인 또는 애플리케이션을 타깃팅할 수 있다. 이러한 종류의 타깃팅은 상대적으로 제한적이지만 제품과 밀접한 관련이 있는 사이트를 방문자에게 타깃팅하는 것이 유용할 수 있다.

(3) 문맥 타깃팅의 장점

문맥 타깃팅의 장점을 몇 가지로 요약하면 다음과 같다.

① 일반 배너보다 높은 반응 효과

인터웍스의 기사 매칭의 경우 평균 30% 이상의 CTR 상승 효과를 나타내었으며, 구글의 경우 검색 광고만 진행할 때보다 문맥타깃팅을 동시에 진행할 때 약 22%의 CTR 상승 효과가 있는 것으로 나타난다.

② 효율적인 광고비 집행

인터웍스의 경우는 고정 CPM으로 운영이 되고 있으나, 구글의 경우 광고주별로 목표 CPC, CPM 설정이 가능하여 광고 목표에 알맞은 비용 운영이 가능하다.

③ 넓은 커버리지

개인 블로그, 뉴스, 커뮤니티의 집행을 통해 실행할 수 있으며, 캠페인의 도달률 중복을 최소화하며 증대할 수 있는 효과를 기대할 수 있다.

④ 높은 브랜드 인지도 형성

사용자들이 관심 있게 검색한 웹페이지에 관련된 내용을 광고로 보여주는 문맥 타깃팅은 콘텐츠와 관련이 높은 정보를 제공함으로써 사용자들의 시선에 노출될 가능성이 매우 높은 방식이므로 광고된 브랜드에 주의를 집중할 가능성이 높다. 따라서 브랜드 인지도 증대가 가능한 방식이다.

⑤ 개인정보에 대한 동의 없이 광고 가능

최근 유럽을 중심으로 GDPR이 실행되고 있기 때문에 개인들의 정보 수집에 동의가 없이도 타깃팅을 할 수 있다는 장점이 있다.

하지만 전적으로 키워드와 문구만을 기반으로 한 기계적인 타깃팅 과정에서 문제점이 종종 발생하는 경우가 있다. 게임에 대해 부정적인 기사를 제공하는 사이트에 게임 광고가 등장한다든지, 폭발 사건이 발생한 휴양지에 여행 광고가 게시되는 경우에는 사용자들에게 브랜드에 대한 부정적인 이미지를 줄 수 있기 때문이다. 최근에는 자연어 처리(NLP : Natural Language Processing)와 인공지능(AI) 기반 기술을 기반으로 표면적인 키워드 내지 문구를 넘어 부정적인 내용까지 분석하는 수준으로 적용하고 있다.

■ **개인정보보호 규정(GDPR : General Data Protection Regulation)**

유럽 의회에서 유럽 시민들의 개인정보 보호를 강화하기 위해 만든 통합 규정으로서2016년 유럽 의회에서 공표하여 2018년 5월 25일부터 EU 각 회원국에서 시행되고 있다.

유럽 연합(EU) 시민의 데이터를 활용하는 경우 GDPR을 준수해야 한다. GDPR의 주요 항목은 사용자가 본인의 데이터 처리 관련 사항을 제공받을 권리(the right to be informed), 열람 요청 권리(the right of access), 정정 요청 권리(the right to rectification), 삭제 요청 권리(the right to erasure), 처리 제한 요청 권리(the right to restrict processing), 데이터 이동 권리(the right to data portability), 처리 거부 요청 권리(the right to object), 개인정보의 자동 프로파일링 및 활용에 대한 결정 권리(rights in relation to automated decision making and profiling) 등을 규정하고 있다.

2) 행동 타깃팅(Behavioral Targeting)

행동 타깃팅은 일명 오디언스 타깃팅(Audience Targeting)이라고도 불리는데 이 방식은 사용자들이 방문한 페이지, 검색, 클릭한 링크, 구매한 상품 등 웹 브라우징 행동에 기반해 고객을 세분화하여 적합한 타깃팅을 하는 방식이다. 또한 사용자들의 위치, 오프라인 매장에서의 구매이력과 같은 행동변수까지 분석대상변수에 포함시켜서 타깃팅이 가능하다. 즉 행동 타깃팅은 사용자들의 다양한 행동변수를 바탕으로 유사한 행동패턴을 나타내는 집단으로 세분집단을 분류하여 맞춤화된 광고와 콘텐츠로 사용자들을 타깃팅할 수 있도록 하는 방식이다.

행동 타깃팅은 고객의 행동과 구매의도를 결합하여 고객이 가장 구매할 확률이 높은 시점에서 관련성 높고 고도로 맞춤화된 마케팅 커뮤니케이션이 가능하게 된다. 행동 타깃팅의 가장 대표적인 예가 바로 리타깃팅 광고라고 할 수 있다.

(1) 행동 타깃팅의 유형

표 9-3 행동타깃팅의 유형

온사이트 행동 타깃팅 (Onsite Behavioral Targeting)	네트워크 행동 타깃팅 (Network Behavioral Targeting)
• 특정 웹사이트를 방문한 사용자의 웹사이트 내에서 발생한 행동 데이터를 기반으로 하는 유형이다. • 동일한 웹사이트의 페이지에서 수집된 사용자의 데이터를 기반으로 광고가 노출된다. 이로 인해서 각 사용자들의 높은 광고 참여도를 이끌어 낼 수 있다. • 예를 들어, 사용자가 여행 사이트에서 다양한 여행지를 보았다면 항공사나 숙박에 대한 광고가 노출된다.	• 사용자의 인터넷 사용기록을 바탕으로 하여 사용자가 어떤 프로파일을 가진 사용자인지 유추하여 적합한 관련성 높은 광고를 노출한다. • 이것은 특정 사용자 고유의 행동 데이터가 아니라 사용자가 온라인상에서 방문한 웹사이트, 디바이스 등의 데이터를 통해서 나이, 성별, 관심사 등을 유추하여 광고를 노출하게 된다. 일명 오프사이트 타깃팅이라고도 불린다. • 예를 들어, 사용자가 술과 남성패션을 검색하고 있다면, 성인이면서 남성인 사용자로 유추하고 이에 적합한 광고를 노출시키게 된다.

행동 타깃팅은 온사이트(Onsite)와 네트워크(Network) 두 가지 유형으로 나눌 수 있다.

(2) 온사이트(on-site) 타깃층 공략하기

온사이트 타깃층은 이전에 자사의 웹사이트를 방문한 경험이 있고, 제품이나 서비스를 조회해 특정한 액션을 취한 사용자가 최종 구매 단계까지 도달하지 않은 경우를 포함하기 때문에 이러한 사용자를 전환시키는 것을 목적으로 하게 된다. 따라서 리타깃팅과 연관이 높은 방식이다.

즉 온사이트 타깃층은 특정 제품에 관심을 보인 사용자, 소셜미디어, 검색 혹은 기타 인바운드 이벤트를 통해 웹사이트를 방문한 사용자 대상, 또는 내부 이메일 리스트 중 제품이나 서비스에 관심을 보였지만 구매로 전환하지 않은 사용자들이 주요한 대상이 된다.

이와 같이 온사이트 상호작용을 한 적이 있는 재방문자를 리타깃팅하면 이미 자사의 브랜드에 노출되고 어느 정도 관심이 있는 사용자이기 때문에 전환율을 높일 수 있고, 기존의 사용자라면 사용자로서 지속적으로 유지시킬 수 있다.

(3) 오프사이트(off-site) 타깃층 공략하기

오프사이트 타깃층은 웹사이트를 방문한 적이 없는 잠재고객으로서 다른 사용자들 중에서 자사 제품에 대해서 구매 전환 단계까지 도달한 사용자와 유사한 행동적 특징을 가지는 사용자들을 의미한다. 즉 이들은 유사 사용자들이므로 우리 웹사이트에 방문하게 되면 전환이 발생될 확률이 타 사용자들보다 높게 나타나게 된다는 것이다.

예를 들어 낚시도구를 구매한 사용자가 주로 40대 남성이며 낚싯대에 관심이 많은 사용자라고 가정하면, 해당 사용자와 유사한 타깃층을 설정해 낚시 관련 도구의 광고를 집행할 수 있다. 이를 위해서 페이스북 또는 앱과 같이 다양하게 분산된 콘텐츠를 접한 사용자들의 행동변수를 집중적으로 분석하여 타깃팅을 할 수 있으며, 또는 유사한 서비스를 제공하는 경쟁 사이트를 기반으로 해서 그 사이트의 사용자들에게 리타깃팅이 가능하다.

(4) 행동 타깃팅 과정(The Behavioral Targeting Process)

행동 타깃팅을 위한 과정은 먼저 관련된 자료를 수집하고 분석하는 과정을 거치게 되며 이를 바탕으로 유사한 반응을 보이는지 분석하고 이를 바탕으로 세분화 집단을 분류하게 되며 마케팅 커뮤니케이션 자극을 전달하는 과정으로 거치게 된다.

(5) 사용자 관련 자료 수집 및 분석

행동 타깃팅에서 일반적으로 사용하는 사용자 데이터들은 ① 방문한 페이지, ② 특정 검색, ③ 사이트 체류시간, ④ 노출된 콘텐츠 유형, ⑤ 장바구니 등을 들 수 있다.

① 방문한 페이지

사용자가 방문한 웹사이트를 의미한다. 이 사이트를 분석함으로써 사용자가 어떤 분야나 범주에 관심이 있는지 분석이 가능하기 때문이다. 또한 웹사이트 방문 후에 타 사용자의 행동 등을 통해서 사용자가 어떤 행동을 할 것인지 예상이 가능하다.

② 특정 검색 키워드

이것은 사용자가 입력한 특정 키워드를 검색한 데이터를 의미한다. 즉 이러한 키워드의 분석을 통해서 사용자가 관심을 가지고 적극적으로 검색한 제품과 서비스가 무엇인지를 유추할 수 있다.

③ 사이트 체류 시간

사용자가 특정 페이지나 링크를 방문하거나 클릭하여 얼마나 체류했는지에 대한 데이터를 분석함으로써 사용자의 관심 수준을 분석할 수 있다. 이를 통해서 사용자가 관심을 가지는 제품 및 서비스에 대한 수준까지 파악할 수가 있다.

④ 노출된 광고 및 콘텐츠

특정 사이트의 게임, 사이트 바 등에 대한 클릭을 통한 접촉을 통해서 사용자가 관심을 가지는 콘텐츠 유형을 파악할 수 있으며, 이를 이용하여 관심 있는 콘텐츠를 제공함으로써 사용자 유입이 가능하게 된다.

⑤ 장바구니

사용자가 접속한 쇼핑 사이트에서의 장바구니 데이터를 활용함으로써 사용자의 관심제품 리스트를 파악할 수 있으며, 이를 통해서 사용자가 다른 사이트를 방문한 경우에도 사용자에게 유사한 제품이나 제품범주에 대한 광고를 노출시킴으로써 사용자의 관심을 유도한다.

이외에도 사이트 방문 날짜, 웹사이트와 사용자가 상호작용한 다양한 정보데이터를 기반으로 사용자에게 보다 정교한 광고 메시지 및 마케팅이 가능하다. 행동 타깃팅 광고는 여러 가지 데이터 수집 방식을 활용할 수 있지만 일반적으로 특정 사이트 방문자와 같은 외부 행동 데이터를 집계하려면 DMP(Data Management Platform)의 도움이 필요하다.

그림 9-18 행동타깃팅 과정

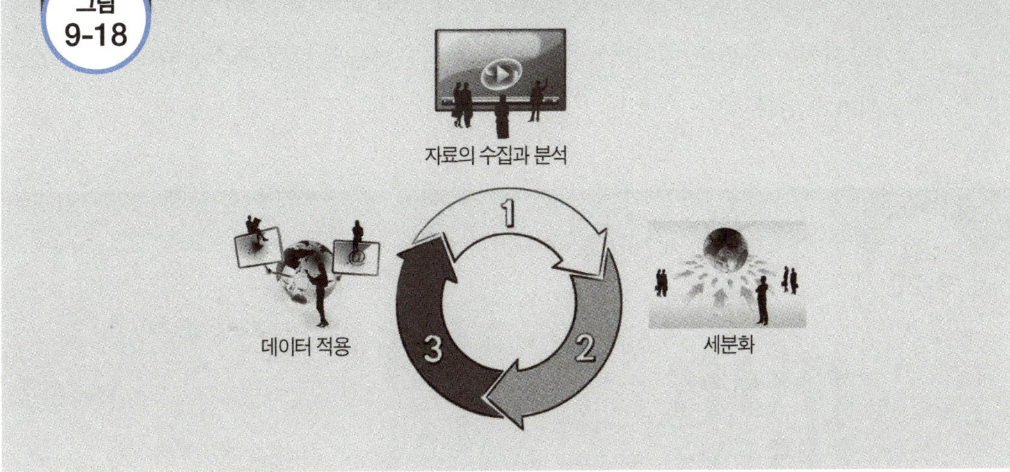

사용자 데이터는 다양한 소스에서 수집되지만 일반적으로 쿠키를 통해 수행되며 DMP 또는 DSP와 같은 다른 애드테크(AdTech) 플랫폼에 저장된다. 데이터가 많을수록 타깃팅이 더 정확해지는 특징이 있다. 이후에 수집된 데이터는 분석되어 사용자 세그먼트 분류에 사용된다.

그림 9-19 행동타깃팅의 예

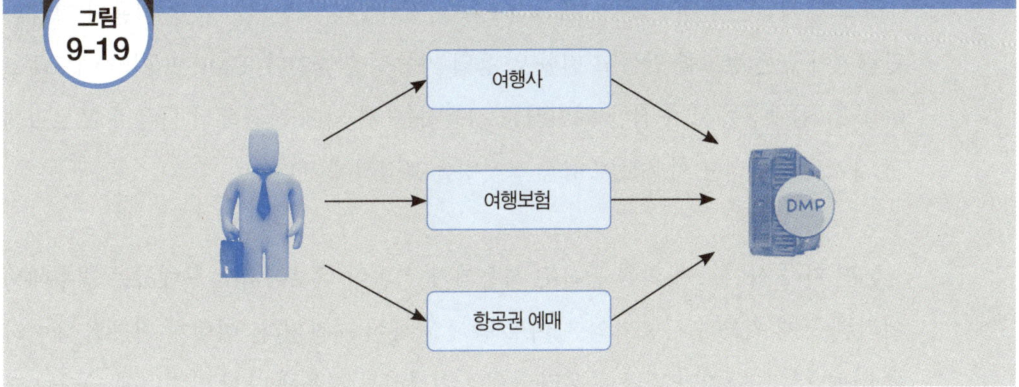

(6) 세분화(Segmentation)

1단계에서 수집된 데이터들을 바탕으로 사용자들의 행동패턴에 따라서 집단으로 묶어가게 된다.

그림 9-20 여행자 집단 분류

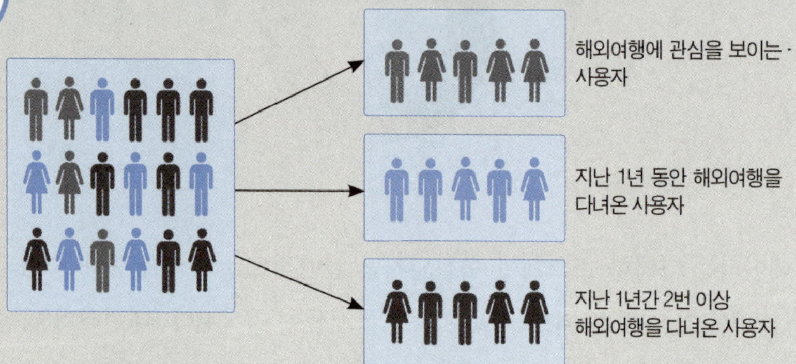

(7) 데이터 적용(application of data)

광고 캠페인은 특정 사용자 세그먼트와 일치하도록 구현되어 특정 사용자 그룹과 관련성이 높은 광고를 만들고 전환 및 응답 가능성을 높인다. DMP 및 기타 애드테크(AdTech) 플랫폼에서 수집한 데이터를 사용하는 것 외에도 등록된 사용자 프로필에서 가져온 데이터를 사용하여 행동 타깃팅을 보강하게 된다.

한편 자사 사이트에 회원 등록된 사용자가 전환이 이루어져서 구매하는 경우에는 이러한 구매 기록과 사용자의 사이트 탐색 기록이 저장된다. 이렇게 저장된 데이터를 바탕으로 사용자가 다음에 온라인으로 입장하는 경우에 다시 타깃팅된 마케팅 커뮤니케이션 메시지를 제공하게 된다. 이에 반해서 미등록 사용자는 브라우저 쿠키 정보를 사용하여 타깃팅할 수 있다. 즉 사용자가 사이트를 다시 방문하면 쿠키가 사용자에 의해 삭제되지 않는 한 웹 서버로 전송되어 사용자를 대상으로 타깃팅을 할 수 있다.

또한 심층적 패킷 검사와 같은 방법으로 트래픽을 분석하고 방문하는 웹사이트 유형을 추정하는 인터넷 서비스 업체(ISP)를 통해 데이터를 수집하고 추적하는 방법을 사용하기도 한다. 이후에 이러한 데이터를 마케팅 커뮤니케이션 기업과의 제휴와 이전을 통하여 개인화된 메시지 서비스로 제공하게 된다. 많은 기업들이 Nielsen(이전 eXelate)이나 Dialogic(현재 Oracle의 일부)과 기업으로부터 행동 데이터를 구매하기도 한다.

(8) 행동 타깃팅의 장점 및 단점

마케팅 담당자는 행동 타깃팅을 활용하게 되면 사용자에 대한 많은 양의 데이터 분석을 통해서 사용자에 대한 매우 상세한 프로필을 만들 수 있으며 이를 활용하여 각 사용자 세그먼트와 관련된 광고를 게시할 수 있다. 특히 방문자들의 특정한 웹사이트에 대한 경험이 누적될수록 사용자에게 더 관련성이 높고 더 관심 있는 경험을 제공할 수 있고, 그 결과 사용자들에게 더욱 정교하게 타깃팅된 광고 및 콘텐츠를 전달하는 선순환 루트로 들어가게 된다.

① 높은 클릭수 달성 가능

사용자들이 관련성(relevance)이 높다고 간주하고 흥미를 느끼는 광고를 게시하게 되면, 자연스럽게 광고에 연결되어 있는 링크를 클릭할 확률이 높아진다. 따라서 광고주의 서비스나 제품을 이용하거나 구매할 가능성이 높아지는 것이다.

② 사이트 방문자를 소비자로 변환

자사 사이트 이외의 다른 사이트를 방문한 경험이 있던 사용자에게 관련성 높은 광고가 노출되면서 사용자의 주의 및 관심을 높일 수 있으며 이를 바탕으로 사용자를 구매자로 전환할 수 있게 된다.

③ ROI(Return On Investment)의 향상

결과적으로 행동 타깃팅은 정교한 마케팅 커뮤니케이션 활동이 가능하게 되어 ROI의 향상으로 이어지게 된다. 즉 사용자에게 관심도가 높은 메시지는 높은 클릭수로 이어지게 되며 이는 곧 구매 전환으로 연결되기 때문이다. 행동 타깃팅이 잘 구현되면 방문자들의 높은 클릭률(CTR) 및 전환율(CVR)이 연결되어져 높은 ROI를 기대할 수 있다.

하지만 이 방식은 효과적인 행동 타깃팅 광고의 전제 조건인 행동 관련 데이터가 수집되어야 한다는 점으로 인해서 효과적이고 효율적인 타깃팅이 가능하나 개인의 사생활이 침해된다는 단점이 있다.

3) 리타깃팅(retargeting)이란?

행동 타깃팅과 밀접한 관련이 있는 리타깃팅 광고란 검색 광고와 같이 마케팅 활동을 통해 비교적 전환율이 높은 가능성이 있는 관심 고객의 방문을 유도한 후 방문한 사용자에게 그들이 특별히 관심 있어 할 만한 제품 이미지를 노출시키는 광고 형태를 의미한다.

구글 자료에 따르면 웹사이트 방문과 고객의 전화, 일반적인 한 번의 방문으로 원하는 형태의 고객 반응을 이끌어 내기에는 어려움이 많다. 사용자들이 웹사이트에 들어와서 전환 없이 떠나는 비율이 96%에 이르며, 장바구니에 제품을 담았지만 구매하지 않는 비율이 70%, 구매 전에 3~4개의 사이트를 방문한 사용자 비율이 49%에 달하는 것으로 나타난다.

또한 검색 광고를 실행하여 유입된 사용자의 경우에 구매 전환이 2% 미만이며, 98%의 방문자는 이탈하는 것으로 나타난다. 즉 이들은 구매 결정을 유보하거나 지속적인 탐색 과정에 있거나 또는 다른 사이트에서 구매한 경우에 해당된다. 따라서 가장 적절한 타깃팅 대상은 웹사이트에 한 번 이상 방문했거나 이전에 마케팅 커뮤니케이션 캠페인을 접한 사용자들이다. 이들을 목표로 진행한 리타깃팅은 신규 방문자보다 확실하게 더 높은 전환 성과를 얻을 수 있다. 와일더플래닛의 자료에 따르면 리타깃팅 광고효과는 배너 광고 대비 5배의 CTR, 10배의 ROI 성과를 나타내는 것으로 보고되고 있다.

그림 9-21 리타깃팅 광고 사례

출처 : 와일더플래닛 홈페이지

모바일 리타깃팅의 경우는 일반적인 리타깃팅에 비해 과정이 복잡한 편으로 PC 환경에서는 쿠키를 활용해서 추적하지만 모바일 환경에서는 호환성에 문제가 있기 때문이다. 이러한 문제를 해결하기 위해 애플(Apple)의 OS 환경인 iOS는 Apple 식별자(IDFA : IDentifier For Advertisers)를 사용하게 되며, 구글은 Android에서 사용할 수 있는 GAID(Google Advertising ID)를 개발하였다. IDFA는 iOS를 사용하는 사용자에 한해서 확인할 수 있는 고유값으로서, iOS 6 이전에는 UDID(기기별 고유값)를 사용했지만, 2012년 이후로 IDFA(변경 가능한 고유 식별자 값)를 사용하여 추적수단으로 사용하고 있다. 이 두 가지 고유한 ID는 쿠키와 유사한 역할을 하므로 이를 통해 특정 사용자를 합법적으로 식별할 수 있으며 사용자가 인스톨, 클릭, 전환 등을 완료했는지의 여부를 판단할 수 있다.

한편 리타깃팅과 함께 많이 사용되는 단어로서 리마케팅(remarketing)이 있다. 리마케팅은 사용자들에게 이메일을 통해서 메시지 자극을 전달하여 브랜드와 관련된 활동에 다시 관여하도록 주로 이메일을 통해서 진행하는 방식을 의미한다. 즉 제품을 장바구니나 위시리스트에 추가한 후 결제를 안 하고 이탈하는 사용자를 대상으로 하여 이메일로 행동 촉구를 하는 방식이다.

쉽게 구분하면 리타깃팅은 웹사이트 유입 단계에서 전환 가능성이 높은 기존 사용자를 포함해서 이들과 유사한 특성을 가지는 잠재고객을 공략하는 방식인 데 비해, 리마케팅은 기존 사용자에게 맞춤형 이메일 캠페인을 진행하는 유지 측면에 중점을 두는 CRM 방식이라고 할 수 있다.

또한 리마케팅은 기존에 사용자의 검색 정보나 빈번하게 구매한 정보까지 포함한 데이터를 기반으로 이메일을 보내기도 한다. 이러한 경우에 사용자는 관련성 높은 제품 정보를 전달받기 때문에 반응이 좋게 나타나게 되며, 구매의사결정 상황에서의 확신의 부족, 결제 방법의 미정 등으로 결제를 할 수 없는 상황이었을 경우에는 행동의 전환을 유도하는 효과적인 방법이라고 할 수 있다.

4) 데이터 기준 타깃팅(Date based targeting)

마케팅에서 사용되는 데이터는 자사 데이터, 관계사 데이터, 제3자 데이터 등 세 가지로 구분할 수 있다.

자사 데이터(1st party)는 주로 자사의 웹사이트나 내부 CRM 시스템에서 발생하는 데이터로서 예를 들면 웹사이트, 소셜미디어, 소비자 이메일 주소, 인구통계 데이터, 소매계산대, 콜센터, 메일, 소비자가 자사 브랜드 사이트에 방문하여 쇼핑한 기록 등 회사에서 이미 관리 중인 시스템 속 데이터를 포함하게 된다. 이러한 데이터 형태는 매우 품질이 높은 반면에 기업에서 보유하는 양이 상대적으로 적으며 보유하는 기업도 많지는 않은 편이다. 자사 데이터는 자사 시스템 속 데이터 중에서 식별된 고객과 식별되지 않은 고객을 모두 포함하여 구성된다. 일반적으로 자사 데이터는 자사의 독점성은 높고 데이터의 품질은 좋지만 범위는 제한적이라는 문제점이 있다.

관계사 데이터(2nd party)는 자사 시스템에서 발생한 데이터는 아니지만 자사의 고객들과 연관성이 매우 높은 소스에서 발생한 데이터를 의미하며, 두 조직 이상이 상호 공유하는 데이터를 의미한다. 예를 들면 자사의 브랜드와 대형마트 매장에서 발생한 자사 제품의 마케팅 관련 데이터나 자사 광고 트래픽 데이터 등이 포함된다. 특히 두 브랜드가 협업해서 고객에 대한 타깃팅이나 영업 기회를 강화하고자 할 때 데이터를 공유하게 된다. 따라서 관계사 데이터는 조직 상호 간의 목적에 의해서 데이터를 공유하게 되므로 비공개 데이터의 특징을 가지게 된다.

제3자 데이터(3rd party)는 범위가 가장 넓고 독점성은 가장 좁으며 시장에서 그 범위와 변수에 따라서 거래되는 데이터를 의미한다. 제3자 데이터는 다양한 외부 데이터 소스에서 발생하는 소비자 관련 데이터로서 다른 유형의 데이터보다 훨씬 큰 규모의 사용자 데이터에 접근할 수 있다는 장점이 있다. 또한 인구 특성, 행동, 문맥 타깃팅 등에 활용하기 용이하므로 프로그래매틱 광고에서 활용된다. 글로벌 기업으로는 BlueKai, Peer39, eXelate 같은 회사들이 제3자 데이터 거래기업에 해당되며, 국내에는 SK Planet 데이터가 많이 거래되고 있다.

자사 데이터부터 제3자 데이터를 활용하는 페이스북도 동영상 서비스에 주력하며 사용자 데이터를 확보하고 있다. 기존의 검색과 배너 광고만으로는 더 성장하기 어렵다는 판단하에 미래 수익 모델로 동영상 광고를 택한 것이다. 이용자들은 페이스북 동영상을 시청하면서 좋아요를 누르고 댓글을 남기고 콘텐츠를 공유하는데, 페이스북의 타깃팅 광고를 위한 데이터로 활용되고 있다. 페이스북은 사용자의 구매 행태 데이터를 자체 플랫폼 내부에서뿐 아니라 외부에서도 확보하고 있다. 페이스북은 2012년부터 데이터 브로커 업체인 액시엄(Acxiom), 데이터로직스(Datalogix)와 협력해 제3자 데이터를 수집해왔다.

그림 9-22 데이터의 유형

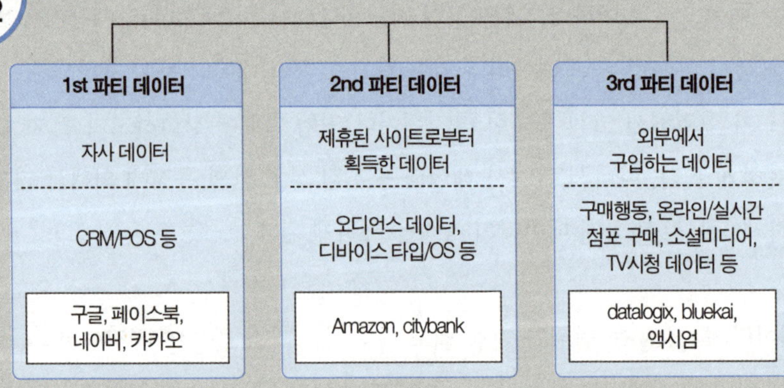

출처 : 한화투자증권 리서치센터

자사 데이터 타깃팅을 위해서 사이트 콘텐츠와의 상호작용, 전자상거래 행동, 광고 콘텐츠와의 상호작용, CRM 데이터 등을 대표적으로 활용하게 된다.

① 사이트 콘텐츠와의 상호작용

사용자의 웹사이트 콘텐츠와의 상호작용 활동에 대한 정보를 분석하여 포함하게 되는데, 행동을 측정하기 위해서 페이지 뷰, 제품 뷰, 세션 지속시간 등을 포함하여 웹사이트 또는 앱 방문자의 콘텐츠와의 상호작용을 데이터로 활용하는 것이다. 또한 사용자의 행동에서 구매 내지는 구매 시 쿠폰 사용 등을 포함해서 블로그의 관련 게시물 버튼 클릭, 연락처 정보 보기 등이나 회사 사이트에서 연락처 조회까지도 포함하게 된다.

② 전자상거래 행동

제품이나 서비스를 온라인으로 판매하는 사이트나 앱과 사용자 간의 상호작용은 이들의 관심과 의도를 잘 나타내 준다. 제품을 판매하는 전자상거래 사이트의 경우에는 사용자들의 사이트에서의 아이템 조회, 페이지뷰, 장바구니 품목, 평균 주문단가 등과 관련된 데이터를 활용하게 된다.

③ 광고 콘텐츠와의 상호작용

사용자가 특정 동영상 광고를 길게 시청하였거나, 동영상 광고와 디스플레이 광고, 검색 광고 또는 인앱 광고를 클릭한 내용을 바탕으로 일련의 자사 브랜드 광고 콘텐츠와 상호작용에 대해서 파악할 수 있다. 이러한 사용자의 광고 콘텐츠와 상호 교류한 정보는 분석 플랫폼을 통해서 다른 행동 데이터와 교차분석이 되어 적용된다.

④ CRM 데이터

기업에서 보유한 CRM(Customer Relationship Marketing)은 고객이 기업과 마케팅 커뮤

니케이션 및 거래를 했던 자료가 포함되어 있다. 이러한 데이터를 바탕으로 애호고객들에게 한정하는 온라인 프로모션 등을 실행하여 좋은 반응을 이끌어 낼 수 있다.

그림 9-23 데이터유형과 소스

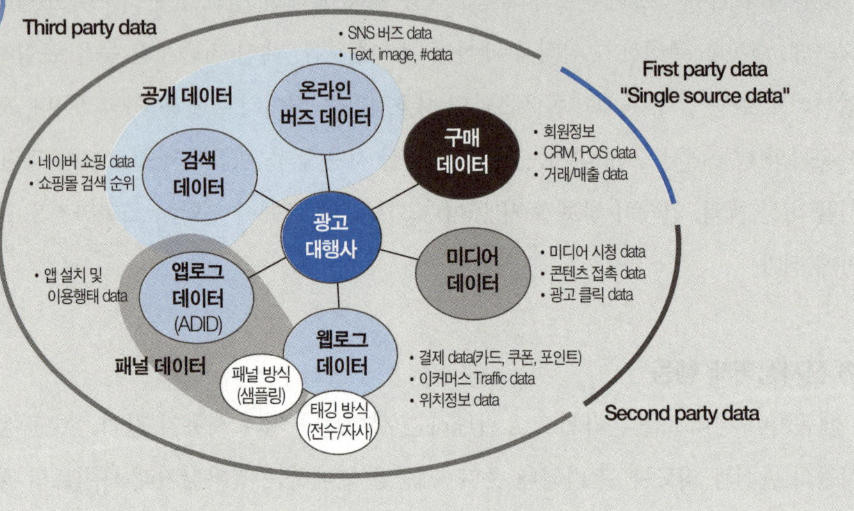

5) 인구통계적 타깃팅(Demographic targeting)

인구통계적 타깃팅은 전통적인 마케팅에서도 많이 사용되는 방식이다. 지역, 성별 또는 언어를 기반으로 실시하며 마케팅 커뮤니케이션 플랫폼들이 글로벌화되면서 적용할 수 있는 기회가 늘어나게 되었다. 또한 인구통계적 방식으로 집단화시킨 후 행동 데이터와 결합시킨 분류방식은 매우 강력한 효과를 발휘하게 된다.

(1) 성별/연령 그룹 타깃팅

상당히 많은 제품들은 출시 단계부터 제품 포지셔닝을 위해 타깃팅된 상황에서 시작되는 경우가 많다. 특히 성별, 나이, Z세대나 밀레니얼 세대와 같은 세대 구분을 변수로 사용하는 경우가 많이 있다. 하지만 PC에서 사용되는 브라우저의 경우에는 연령이나 성별을 구분해 내기 어렵다는 문제점이 있다. 성별 판별을 위해서 사용자가 조회한 제품 유형, 조회수, 반응한 광고의 유형 등과 같은 행동 데이터를 활용하여 추정하게 된다.

페이스북과 핀터레스트(Pinterest)와 같은 플랫폼은 사용자가 등록하기 위해서 인구통계적 데이터를 입력해야 하므로 광고를 하는 경우에 타깃 선정이 가능하다. 연령, 성별, 학력, 직업 등에 따라 타깃을 선정할 수 있으며 광고를 통해 도달한 사람들의 유형을 확인할 수도 있다.

그림 9-24 인구통계 변수기준 타깃팅

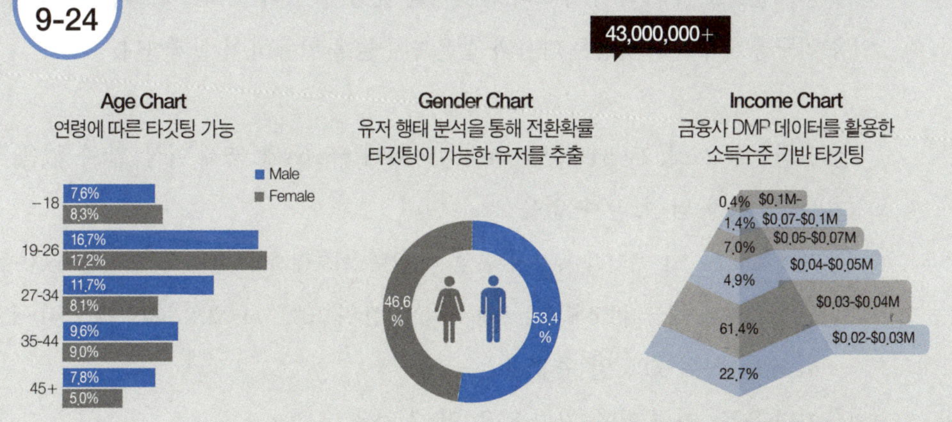

출처 : 와이더플래닛 홈페이지(https://widerplanet.com)

(2) 언어 타깃팅

언어 타깃팅의 경우 데스크톱 PC 사용자의 경우에는 사용자가 브라우저에 설정한 언어 정보를 기반으로 타깃팅을 할 수 있으며, 모바일 사용자를 대상으로 하는 것은 앱의 언어 설정을 통해 수행할 수 있다.

(3) 소득

구글과 같이 플랫폼별로 소득에 관한 데이터를 통해서 타깃팅이 가능한 플랫폼도 있으며 또한 다양한 정보원을 통해서 관련된 데이터를 구할 수 있다. 도시의 등급 구분 등과 같은 자료로 소득을 추정할 수도 있다.

(4) 관심사

유기농 식품이나 액션 영화 등 광고를 통해 도달하려는 사람들의 관심사와 취미를 타깃팅 기준으로 추가하여 광고의 관련성을 높일 수 있다. 구글 애즈의 동영상 캠페인용 인구통계학적 타깃팅은 다음과 같은 변수들을 활용하여 실행한다.

① 연령 : 18~24세, 25~34세, 35~44세, 45~54세, 55~64세, 65세 이상, 알 수 없음
② 성별 : 여성, 남성, 알 수 없음
③ 가계소득(오스트레일리아, 브라질, 홍콩, 인도, 인도네시아, 일본, 멕시코, 뉴질랜드, 한국, 싱가포르, 태국, 미국에서만 사용 가능) : 상위 10%, 11~20%, 21~30%, 31~40%, 41~50%, 하위 50%, 알 수 없음
④ 자녀 유무 : 자녀 있음, 자녀 없음, 알 수 없음

6) 지역 위치적 타깃팅(Geo-location targeting)

동적인 사용자들을 위한 타깃팅 방식에서 위치 정보는 매우 중요한 변수라고 할 수 있으며 지역 비즈니스에 가장 유용한 방식이다. 위치 정보 타깃팅은 IP 기반 지리적 위치 정보와 하이퍼 로케이션 방식으로 적용이 가능하다.

① IP 기반 지리적 위치(IP-based geo-location)

인터넷 사용자의 IP 주소를 통해서 온라인에 접속한 사용자의 위치 정보를 확보할 수 있으며, 이를 바탕으로 국가, 도시 또는 지역 타깃팅에 활용할 수 있다.

② 하이퍼 로케이션(Hyper-location)

GPS(Global Positioning System) 기반 모바일앱을 통하면 정확한 지리적 위치 타깃팅 수행이 가능하다. 사용자가 위치 서비스를 사용하도록 설정하면 해당 위치별 타깃팅이 가능하다.

하이퍼 로케이션은 모바일 기기의 GPS를 활용한 위치를 의미한다. 즉 이 경우에 지오펜스(Geofence : 지리[Geography]와 울타리[Fence]를 결합한 단어로, 실제 위치에 기반하여 가상의 경계나 구역을 만드는 기술)를 활용하여 특정 위치를 중심으로 수백 미터 반경 지역에서 타깃팅이 가능하도록 하는 형태이다. 이 경우에 광고 메시지를 해당 지역 주변의 소득과 같은 인구통계적 데이터와 결합시켜서 게시할 수 있다. 여기서 지오펜스는 와이파이, 셀룰러 데이터 등의 네트워크나 비콘 등 다른 보조기술과 결합해서 사용자의 실시간 위치와 출입 정보를 기록할 때 활용되는 기술이다. 이외에도 위치 기반 서비스(LBS : Location Based Service) 명칭의 형태로 광고 서비스가 개발되고 있다.

7) 시간 및 외부 조건 기반 타깃팅(Time/External condition-based targeting)

시간 및 외부 조건 기반 타깃팅은 소위 날씨와 시간 또는 행사 같이 특정 조건하에서 특정 용도 또는 소비 촉진을 목적으로 타깃팅을 하는 방식을 의미한다. 예를 들면 맥주 브랜드의 경우에는 주말에 야구장을 찾는 야구팬을 대상으로 캠페인을 운영할 수 있으며, 자동차 수리 서비스는 태풍이 지나간 뒤에 즉각적으로 광고를 게재하도록 선택할 수 있다. 이러한 방식은 프로그래밍 방식의 미디어 구매 및 판매를 통해 이전에는 불가능했던 방식으로 시간 및 이벤트 기반 타깃팅이 가능해진 것이다.

GDN 위치 타깃팅을 통해서 특정 지역 생활권자들에게 광고를 노출할 수 있다. 특정 지역을 기반으로 한 업체의 경우 지역 마케팅이 효과적이며 지역 젊은 세대들에게 유용하다. 이는 지역 방송이나 케이블보다 효과적인 것으로 알려져 있다.

8) 페이스북과 구글의 타깃팅

페이스북의 청중 고객들에 대한 타깃팅은 핵심청중(core audience), 맞춤청중(custom audience), 유사청중(lookalike audience) 등 크게 3가지로 구분된다.

핵심(core)청중은 사용자 정보를 바탕으로 인구통계, 지역, 관심사, 취미, 행동을 타깃팅하는 것으로 광고주가 자신의 광고를 누가 볼 것인지 정확하게 선택할 수 있다는 점이 특징이다. 예를 들어, 서울에 거주하는 30대 남성의 페이스북 뉴스피드에 캐논 카메라 광고가 나타난 경우라면 광고주가 '서울 거주 30대 사진에 관심 있는 남성'을 타깃 옵션으로 지정했기 때문이다. 이런 데이터를 1차(1st Party) 데이터라고 하는데, 이러한 방식은 이용자가 직접 자신의 정보를 입력했기 때문에 타깃 설정이 정확하고 세밀하다는 특징이 있다.

맞춤(custom)청중은 광고주 사이트에 심어놓은 픽셀(쿠키)로 사용자 방문, 장바구니, 구매항목 데이터를 바탕으로 해당 사용자가 페이스북이나 인스타그램에 다음에 방문했을 때 맞춤식 광고를 노출해 주는 방식이다.

유사(lookalike)청중은 맞춤청중의 프로파일 특성을 이외의 사용자들에게도 적용하여 청중을 확장하는 기법이다. 페이스북이나 인스타그램 내 활동과 외부 데이터 브로커와의 협업을 기반으로 맞춤청중 사용자와 유사한 관심이나 행동패턴을 가진 사용자를 대상으로 타깃팅 광고를 하는 것이다.

표 9-4 페이스북의 타깃팅 방식

핵심청중	맞춤청중	유사청중
사용자 정보를 바탕으로 인구통계, 지역, 관심사, 행동을 타깃팅	CRM 데이터, 웹/앱 정보와 페이스북 사용자 정보를 매칭하여 타깃팅	맞춤 타깃으로 형성한 사용자와 가장 유사한 페이스북 사용자를 타깃팅

구글은 GDN을 통해서 타깃팅된 잠재고객에게 노출되는 광고를 제공하고 있다. 구글 애즈(이전 애드워즈)에서의 타깃팅 기준 변수들은 다음과 같다.

- 사용자(관심분야, 구매의도, 리마케팅)
- 콘텐츠(키워드, 주제, 게재위치)
- 인구통계(성별, 나이)
- 기기(모바일, 데스크톱)
- 일정(요일, 시간)
- 위치(국가, 도시, 지역)

표 9-5 구글 유튜브의 타깃팅 방식

잠재고객 기반				게재위치 기반		
리마케팅	인구통계 타깃팅	관심기반 타깃팅	유사잠재 고객 타깃팅	문맥 마케팅	게재위치 마케팅	주제 마케팅

4 미디어 플래닝과 실행

디지털 광고의 미디어 플래닝에서는 전통적인 미디어 플래닝과는 달리 좀 더 구체적인 미디어 선정과 예산분배가 요구된다. 예를 들면 '디스플레이 광고 중에서 30%는 RTB로 집행하고 20%는 특정 관심사 사이트에 강한 애드 네트워크에 투입하고, 50%는 리타깃팅 미디어에 집중한다'라는 방식의 구체성이 요구되는 것이다.

미디어 플래닝을 위해서는 무엇보다도 우선 목표고객의 구매 여정에 대한 조사가 필요하다. 또한 미디어 선정을 위해서는 경쟁 브랜드들이 많이 사용하는 미디어에 대한 조사와 현실적인 측면에서의 예산문제 등도 중요한 고려사항이라고 할 수 있다. 하나씩 살펴보면 다음과 같다.

1) 고객 구매 여정(customer decision journey) 조사를 통한 터치포인트 탐색

고객의 구매 여정을 관찰하면 여러 가지 미디어들이 의사결정 단계마다 중요한 포인트가 됨을 확인할 수 있다. 이러한 미디어들을 효과적으로 구성시키는 것이 미디어믹스인데 다양한 고객 여정을 가능한 한 단순화시켜서 대표적인 터치포인트를 발굴하여 미디어 플래닝을 하는 것이 바람직하다.

구매 증대를 캠페인 목표로 세운 경우 구매 전환이 어느 매체에서 어떤 소재를 통해 이루어졌는지, 사이트 내에서 고객 동선은 어떠했는지, 어떤 상품의 반응이 더 좋았는지 등 다양한 관점에서의 지속적 분석을 통해 효율을 점진적으로 개선해 나아가는 것이 무엇보다 중요하다. 이를 위해 다양한 애드테크(AD Tech) 솔루션들이 활용된다.

2) 미디어별 구매경쟁

구매 여정에서 효과적인 터치포인트에 대해서는 이미 많은 브랜드가 경쟁적으로 활용하고 있을 가능성이 높기 때문에 결국 새로운 터치포인트나 검색 광고의 경우에는 새로운 키워드를 발굴하는 것이 효율적으로 광고를 진행하는 방식이라고 할 수 있다. 따라서 미디어 플래닝을 위해서는 미디어별로 어떤 경쟁브랜드들이 많이 사용하는지 면밀하게 파악할 필요가 있다. 이를 통해서 광고예산의 낭비적인 지출을 막을 수 있기 때문이다.

3) 광고예산의 제약

온라인 캠페인이 전통적인 캠페인에 비해서 즉각적으로 효과가 나타난다고 기대하기 쉬운 단기적 목표도 있지만 장기적으로 서서히 나타날 수 있기 때문에 중장기적인 캠페인을 진행하는 경우에는 현실적으로 다소 많은 광고예산이 소요되는 것이 사실이다. 따라서 미디어 플래닝 시에는 기간과 소요예산을 고려해서 현실적인 미디어 플래닝을 해야 한다.

4) 기여도 분석을 통한 미디어 역할 점검

미디어믹스와 미디어 실행 전후에는 개별 미디어에 대한 성과를 분석하여 조정하는 과정을 거친다. 그런데 개별 미디어의 성과를 정확히 파악하기는 어렵기 때문에 이를 분석하기 위해서 기여도 분석(attribution analysis)이 필요하다. 기여도 분석은 사용자의 행동을 불러온 기여 터치포인트가 어디인지를 확인하는 분석 방법이다.

예를 들면 5단계의 미디어를 거쳐서 행동이 실행되었을 때, 제일 첫 번째 미디어에 모든 중요성을 부여해서 그 미디어의 기여로 간주한다면 그 경우를 퍼스트터치 어트리뷰션(First Touch Attribution)이라고 한다. 이 방식은 사용자에게 브랜드를 처음으로 인지시킨 미디어의 성과를 인정할 때 활용되는 방식이다. 이와는 반대로 마지막 미디어에 성과를 부여해야 하는 경우를 라스트터치 어트리뷰션(Last Touch Attribution)이라고 한다. 라스트터치 모델을 적용하게 되면 사용자가 전환 직전의 마케팅 채널에 100% 기여도를 부여하는 방식이다.

이러한 극단적인 방식 이외에도 가운데 미디어의 기여를 인정하는 모델인 멀티터치 어트리뷰션 모델(MTA : Multi Touch Attribution)이 있다. 즉 극단적으로 최종 전환(Conversion)이 발생한 사이트만 성과를 독차지하게 되면 나머지 미디어의 기여도를 인정하지 않는 불합리한 미디어 플래닝의 경우가 발생하기 때문이다. 따라서 이러한 단편적인 분석이 아니라, 전체의 다양한 행동에 대한 입체적인 분석이 필요하다.

또 다른 예로서 미디어를 역할에 따라 3가지로 구분한 c3 metric 사의 O-A-C 프로세스를 들 수 있다. 이 프로세스에서는 미디어의 성격을 Originator-Assist-Converter의 3가지 유형을 구분하여 역할을 규정하고 있다. 먼저 Originator는 사용자들이 브랜드를 인지할 수 있도록 매개하는 성격의 미디어를 말한다. 주로 다양한 오프라인 광고가 이에 해당되며 온라인에서는 SNS 광고가 이 역할을 수행하기도 한다.

Originator에서 인지한 브랜드들에 대해서 Assist는 브랜드에 대한 신뢰를 높이는데 도움이 되는 미디어를 말한다. 주로 블로그가 이런 역할을 담당한다. Converter는 전환으로 연결시키는 역할의 미디어를 말한다. 이 미디어는 검색 광고 외 다양한 미디어가 역할을 담당하게 된다.

그림 9-25 C3 Metrics Funnel

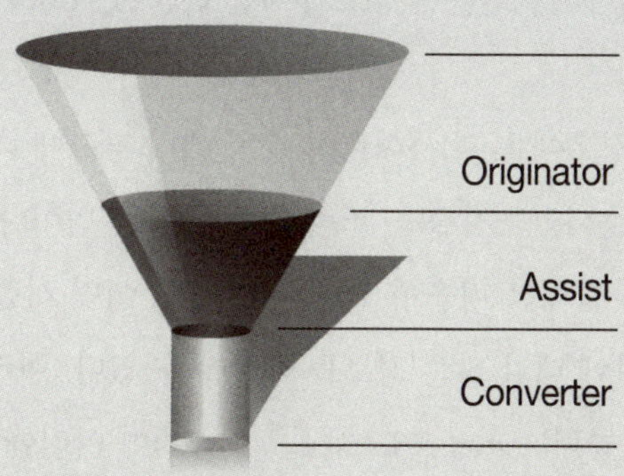

출처 : C3 Metrics 홈페이지

5) 미디어 성과 분석(Performance Analysis)

광고를 집행하고 그 성과를 분석하는 것은 무엇보다 중요하며 광고주가 디지털 광고를 집행하는 이유 중에서 큰 비중을 차지한다. 따라서 전통적인 광고와 달리 면밀한 성과 분석과 이를 위한 측정이 필요하다.

브랜드에 대한 인지도는 심리적인 상태를 측정하기가 불가능한 관계로 자사의 브랜드가 얼마나 많은 이용자에게 도달했는지 볼 수 있는 도달수(Reach)로 파악할 수 있으며, 관심을 통한 활동이 중요한 경우에는 클릭률과 참여율(Engagement Rate)을 중심으로 파악하면 된다.

그리고 전환의 경우에는 구매당 전환비용을 검토하여 어느 집단이 더 수익적인 측면에서 바람직한지를 파악해야 한다. 예를 들어 A집단이 B집단보다 클릭률이 높지만 매출 전환이 B집단에서 많이 발생한다면 단기적인 관점에서는 A집단에 광고를 집중하는 것이 광고주에게 유리할 것이다. 하지만 A집단의 규모가 B집단보다 크다면 장기적인 관점에서 A집단에 광고 투자를 하는 것이 바람직하다.

디지털 DA의 경우에 특정 사이트의 특정 배너 광고에 대해 특정 배너가 사용자에게 몇 번이나 노출되었는지 또는 노출된 배너를 몇 번이나 클릭했는지, 광고주가 원하는 타깃층에서 클릭한 비율이 얼마나 되는지, 어떤 시간대에 많이 광고가 나갔는지 등등 광고효과에 대한 많은 정보를 파악할 수 있다. 이러한 서비스를 제공하는 기업으로는 코리안클릭(Korean click : Nielsen이 인수)이 이러한 분석을 하고 있으며, 글로벌 서비스로는 옴니처(Omniture : Adobe 인수)가 있다.

한편 성과 관련지표로 활용할 수 있는 것들은 다음 표 9-6에 나타나 있다.

(1) AARRR 모델

디지털 마케팅 커뮤니케이션을 진행하면서 단계별로 성과를 측정하고 캠페인을 수정할 수 있는 모델로서 AARRR 모델이 있다. 이 모델은 미국 실리콘밸리 벤처기업의 기획자인 데이브 맥클루어(Dave McClure)에 의해서 처음 제안된 모델이다.

표 9-6 성과 관련지표

구분	약어	원어	의미
성과 관련 지표	KPI	Key Performance Indicator	핵심 성과지표
	ROI	Return on Investment	비용 대비 수익 비율
	ROAS	Return on Ads Spending	광고수익률
	PU	Paying User	결제 사용자
	ARPU	Average Revenue Per User	사용자당 평균수익
	ARPPU	Average Revenue Per Paying User	결제 사용자당 평균수익
	LTV	Life Time Value	유입 후부터 탈퇴 전까지 창출한 가치
	AC	Acquisition Cost	신규고객 유치를 위해 필요한 비용
	CAC	Customer Acquisition Cost	신규사용자 1명 유치당 투입비용
	CRC	Customer Retention Cost	사용자 유지를 위해 소요된 비용
활성화 관련 지표	PV	Page View	페이지 뷰
	UV	Unique Visitor	활성화 사용자(방문자)
	HAU	Hourly Active Users	시간별 활성화 사용자수
	DAU	Daily Active Users	일별 활성화 사용자수
	WAU	Weekly Active Users	주간 활성화 사용자수
	MAU	Monthly Active Users	월간 활성화 사용자수
비용 관련 지표	CPM	Cost per Mille	1,000회 노출당 비용
	CPC	Cost per Click	클릭당 비용
	CPI	Cost per Install	설치당 비용 (설치 후 최초 실행을 설치한 것으로 간주)
	CPA	Cost per Acquisition	사용자 획득당 비용(전 세계적으로 CPI와 동일한 의미)
	CPA	Cost per Action	행동당 비용
	CPE	Cost per Engagement	참여당 비용
	CPL	Cost per Lead	고객정보 수집당 비용
	CPS	Cost per Sale	판매당 비용
	CPCV	Cost per Completed View	시청 완료당 비용

출처 : 모비데이즈 카탈로그

AARRR은 Acquisition(획득) – Activation(활성화) – Retention(유지/재방문) – Revenue(매출) – Referral(입소문)의 약자이다. Referral과 Revenue는 순서가 바뀌어 설명되기도 한다.

AARRR은 소비자들의 행동 모형이기도 하지만 디지털 마케팅 커뮤니케이션을 하는 기업의 고객관리 모델이라고 할 수 있다.

이 모델은 잠재고객의 유입과 매출로 이어지는 동선을 설명하는 모델이며 이 단계는 그림 9-26 에서와 같이 5단계로 이루어지며, 고객의 유입과 유입된 고객의 행동 활성화 이후에 다시 고객의 재방문, 그리고 사회적인 평판을 조회해서 매출이 이어지는 과정을 설명한다.

- Acquisition : 사용자는 어떻게 자사의 제품(서비스)을 발견하는가?
- Activation : 사용자가 처음 제품(서비스)을 이용했을 때 기대 이상의 훌륭한 경험을 얻게 되었는가?
- Retention : 사용자의 방문 이후에 제품(서비스) 재구매율은 어떻게 되는가?
- Referral : 사용자가 입소문이나 사용후기를 참조하거나 공유하고 있는가?
- Revenue : 매출로 연결되고 있는가?

그림 9-26 AARRR 깔때기(Funnel) 분석

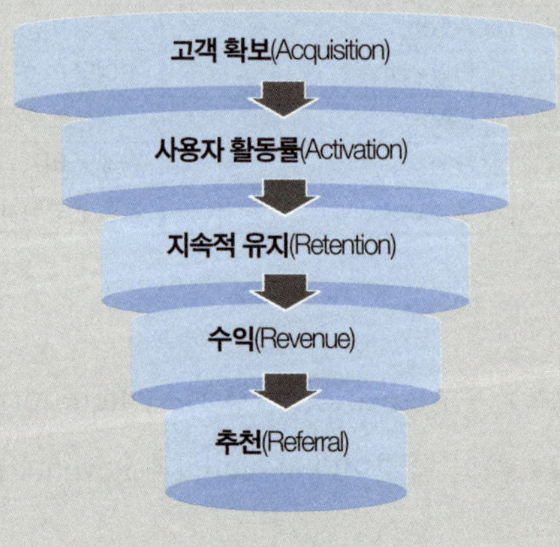

출처 : www.500hats.com

① 고객 확보(Acquisition)

이 단계에서는 고객 확보가 목표가 되는 단계로서 신규 방문자 수와 회원가입 수를 가장 많이 발생시키는 외부 채널이 어느 것인지를 파악하고 이러한 채널별로 가능한 한 많은 고객 확보에 집중하는 것이 바람직하다.

이를 위해서 웹사이트로 유입되는 경로별로 신규 방문자 수 대비 회원가입 수를 확인해야 한다. 고객 확보 단계에서는 적은 비용으로 많은 신규 방문자를 모을 수 있는 채널이 우량한 채널이다.

- 주요 지표 : DAU, MAU, New User

② 사용자 활동률(Activation)

이전에 디지털 마케팅 활동을 통해서 고객을 확보하였다면 일단 모여진 고객들이 서비스를 얼마나 이용하는지가 중요하다. 만일 사용자가 모이기는 했지만 이탈률이 높다면 마케팅비용만 낭비하는 셈이다. 따라서 일단 사용자들이 원활하게 사용할 수 있도록 랜딩 페이지를 최적화하여 사용자가 사용하는 데 불편함이 없도록 하고 이외의 불편한 부분이 없는지를 파악하여야 한다. 만일 유입만 많고 매출이나 기대하는 전환이 잘 발생하지 않거나 페이지뷰 수가 적은 경우라면 유입 단계에서 고객을 랜딩시킨 채널이나 그쪽에 게재됐던 광고 카피가 자칫 오해를 불러 일으킨 것이 아닌지 확인해야 한다.

이 단계에서는 사용자가 서비스를 이용하기도 전에 이탈하는 비율, 서비스 이용을 시작한 경우 이후의 참여(Engagement) 비율 등의 파악이 필요하다. 여기서 이탈률(Bounce Rate)은 첫 페이지에서 서비스를 종료한 비율을 나타내는데, 이것은 사용자가 첫 페이지에서 자신이 기대하지 않았던 것에 대한 반응이므로 부정적인 사용자 경험을 의미하게 된다.

점검할 지표로는 외부 채널별 유효 방문자수, 랜딩 페이지 반송률(Bounce Rate), 평균 체류시간, 평균 페이지뷰, 이벤트 참여 수 등의 데이터를 확인한다.

- 주요 지표 : Bounce Rate, Average Page View, Average Duration, Signup

③ 사용자의 지속적 유지(Retention)

이는 사용자의 제품이나 서비스에 대한 만족도의 결과치를 나타내는 지표로서 만일 사용자가 제품이나 서비스에 대한 만족도가 높다면 자연스럽게 높은 재사용률을 나타나게 된다. 이에 반해서 만일 사용자의 재방문율이 낮은 경우에는 해당 제품이나 서비스가 지속적으로 유지되기 힘들어진다.

이렇게 사용자들의 재방문율이 낮은 이유는 웹사이트 내에 문제가 있다는 것이므로 어떤 문제가 이러한 점을 발생시키는지 확인해 볼 필요가 있다. 또한 낮아진 유지율을 높이기 위해서는 이메일 마케팅과 리타깃팅 광고를 통하여 사용자의 재방문을 유도하는 것이 중요하다. 특히 이 단계에서는 재방문을 위한 이벤트 등의 행사를 진행한 경우에 유입된 유저별 지속적인 방문 수 데이터를 확인하고 추적하는 것이 필요하다.

- 주요 지표 : Retention Rate

④ 수익(Revenue)

제품이나 서비스를 이용하는 사용자의 전환율(Conversion Rate)이 높아지면 결국 수익이 창출되므로 행동 전환이 매우 중요한 포인트라고 할 수 있다.

- 주요 지표 : Conversion Rate

⑤ 추천(Referral)

서비스가 성장하기 위해서는 많은 사용자들의 우호적인 입소문이 필요하다. 따라서 사용자들이 얼마나 그들의 경험을 공유하는지를 확인하여 더 많은 우호적인 평판이 이루어지도록 채널 관리가 필요하다.

- 주요 지표 : Channel, SNS Share Rate

제 10 장

디지털 광고의 유형과 구글 플랫폼

1. 디지털 광고의 유형

2. 구글 광고 플랫폼 : 구글 애즈, 애드센스, 구글 애널리틱스

3. 구글 플랫폼에서의 광고 노출 순서의 결정방식

4. 디지털 매체의 특성 : 페이스북/인스타그램/트위터/유튜브

| 제 10 장 |
디지털 광고의 유형과 구글 플랫폼

1 디지털 광고의 유형

대표적인 디지털 광고의 유형은 배너 광고로 대표되는 디스플레이 광고(DA), 리치 미디어 광고, 키워드 검색 광고, 동영상 광고 등으로 크게 구분할 수 있다.

1) 디스플레이 광고(Display Advertising)

디스플레이 광고는 가장 익숙한 형태의 광고로 이미지, 텍스트, 동영상, 팝업 등으로 만들어진 배너 형태의 광고를 웹페이지에 게시하는 방식이다.

2) 리치미디어 광고

리치미디어 광고는 사용자가 마우스를 광고 위에 올리면 배경색이 다양하게 변하는 광고의 형태이다. 이는 배너 광고의 일종으로 JPEG, DHTML, Javascript, Shock-wave, Java 프로그래밍과 같은 기술을 적용시킨 배너 광고를 말한다. 보다 많은 정보를 전달한다는 의미에서 '풍부(rich)'라는 단어를 붙인 것이다.

기존의 배너 광고가 비교적 단순한 이미지 중심으로 정보를 전달한 반면에 리치미디어 광고는 콘텐츠의 내용이 비디오, 오디오, 사진, 애니메이션 등을 혼합한 멀티미디어 형식이라는 점에서 차이가 있다. 이 형식의 광고는 이용자와 상호작용이 가능하기 때문에 이용자의 관심을 끌고 결과적으로 클릭률도 높아서 클릭률이 일반 배너 광고의 2~4배에 이르는 것으로 알려져 있다.

3) 키워드 광고, 검색 광고(Keyword, Searching Engine Advertising)

키워드 광고 내지 검색 광고는 검색엔진(구글, 네이버 등)에서 사용자가 특정 키워드를 검색할 때, 검색 결과 페이지에 광고주의 사이트가 노출되는 방식이다. 이러한 키워드 광고의 경우는 사용자가 광고를 클릭할 때마다 광고주가 돈을 지불하는 PPC(Pay Per Cost) 또는 1천 번 노출 시 지불하는 CPM(Cost per Mile) 방식을 택하고 있다.

4) 동영상 광고(Video Advertising)

동영상 광고는 유튜브나 데일리모션 등의 플랫폼에서 사용자가 동영상 콘텐츠를 시청하는 경우에 동영상 콘텐츠 앞이나 뒤 또는 중간에 삽입되는 짧은 영상 형태의 광고를 의미한다. 주요한 콘텐츠 이전에 삽입되는 영상은 Pre-roll, 중간에 삽입되는 영상은 Mid-roll, 끝에 삽입되는 영상은 Post-roll이라고 분류한다.

2 구글 광고 플랫폼 : 구글 애즈, 애드센스, 구글 애널리틱스

Google Display Network은 흔히 GDN이라고 하는데 구글의 Display(배너) 광고가 노출되는 스페이스를 의미한다. 한국에서 적용되는 대표적인 광고 면으로는 티스토리(Tistory), 네이트(Nate) 등이 있으며 국내에서는 3만 개가 넘는 광고 지면이 Google Display Network에 포함되어 있다.

1) 구글 애즈(Google Ads)

구글 애즈(Google Ads)는 페이스북 광고와 함께 전 세계 디지털 마케팅 광고비 총 지출의 90% 이상을 차지하고 있으며, 광고 시장에서 급격하게 영향력이 증가하고 있는 유튜브 광고나 안드로이드 기반의 앱 광고 역시 구글 애즈 플랫폼의 일부분으로 제공된다.

구글 애즈는 2018년 이전에는 구글 애드워즈(Adwords)로 불렸으며, 구글 애즈로 변경되면서 구글 검색광고, 디스플레이 배너 광고, 유튜브 광고, 그리고 앱 광고 등 다양한 미디어 광고를 통합한 플랫폼이다.

2) 애드센스

구글 애드센스(Google Adsense)는 광고 지면을 가지고 있는 퍼블리셔(Publisher)가 자신의 웹이나 앱에 광고를 노출하고자 할 때 이를 통해서 광고를 게시할 수 있다. 즉 나의 티스토리 페이지나 웹사이트에서 구글 광고를 통해 수익을 거두고 싶다면, 구글 애드센스를 통해 광고를 노출할 수 있는 것이다. 구글 광고를 노출하게 되면, 자신의 사이트에서 발생한 광고 수익 중에서 퍼블리셔가 68%, 구글이 32%로 나누어

가지게 된다.

그림 10-1 애드센스와 퍼블리셔의 관계

제작된 광고는 구글 애즈를 통해 네트워크상에 광고를 게재할 때는 애드센스 플랫폼으로 이전된다. 이후 애드센스는 광고주의 광고가 게재되기를 원하는 광고의 설정에 맞는 키워드가 포함된 콘텐츠나 웹사이트에 해당 광고를 게시하게 된다. 즉, 애드센스는 광고를 게시할 수 있는 웹이나 앱의 위치를 찾게 되는데 이 과정에서 Doubleclick, Criteo, Wider Planet 등의 도움으로 광고를 게재하게 된다. 이 과정에서 애드센스가 일종의 광고를 게재할 수 있는 매개체(vehicle) 역할을 하게 된다.

애드센스에 게시되는 광고는 구글에서 운영하는 구글 애즈뿐만 아니라 기타 제휴기업에서 연결된 광고도 게시되기도 한다. 이러한 제휴업체를 구글 인증 광고 네트워크라고 한다.

그림 10-2 구글 애즈와 애드센스

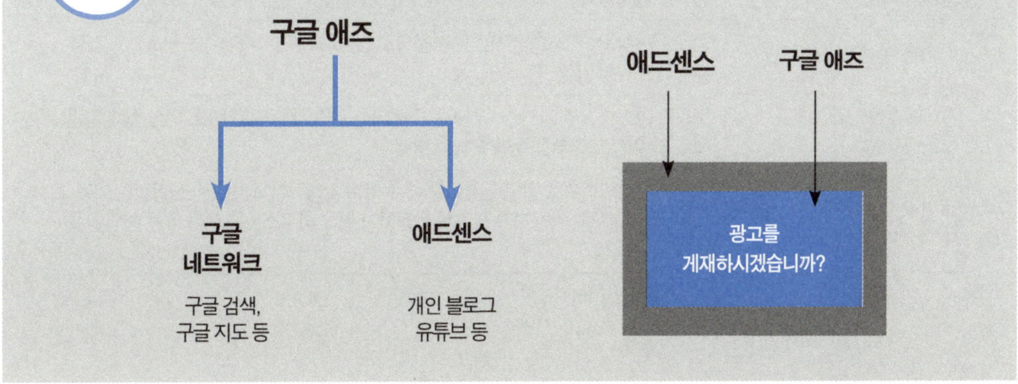

(1) 애드센스 수익구조

광고주가 광고에 대한 비용을 지불하면, 애드센스에서는 해당 광고를 게재한 사용자에게 일정 금액을 배당하는 수익구조로 이루어진다. 광고비에 대한 과금은 광고주가 설정한 광고 유형에 따라 광고가 노출되면 발생하거나 사용자가 클릭하면 발생하는 형식을 지정하여 수익이 발생한다. 애드센스를 통해서 웹페이지를 제공하는 자가 지급받는 금액은 콘텐츠용 광고는 수익의 68%, 검색용 광고는 수익의 51%를 지급한다. 키워드 등에 따라 광고가 낙찰되는 단가가 상이하기 때문에 정확한 액수는 광고마다 차이가 발생한다.

(2) 애드센스 입찰 유형

애드센스에 광고주가 광고요금을 결제하는 방식은 4가지 유형이 있다.

표 10-1 광고요금 결제 방식

클릭당 비용(CPC)	광고를 클릭할 때 광고주에게는 비용, 게시자에게는 수익이 발생
1,000회 노출당 비용(CPM)	광고주는 1,000회 노출당 지불할 비용으로 설정하며, 게시자에게는 광고가 게재될 때마다 수익이 발생
Active View 1,000회 노출당 비용	조회가 가능한 노출에 대한 CPM 광고에 대한 수익으로 광고가 1초 이상 전체 화면의 50% 이상 노출되었을 때 수익이 발생
참여당 비용(Cost Per Engagement)	사용자가 적극적으로 광고에 참여할 때 수익이 발생하며, 라이트박스(확장이 가능한 광고) 유형으로 사용자가 광고를 확장하기 위해 마우스를 가져다 두는 행위를 통해 수익이 발생

일반적으로 CPC>CPM>Active View CPM>CPE 순서로 계약이 많이 이루어지며, 애드센스를 운영하는 운영자는 CPC에서 가장 많은 수익을 얻을 수 있다. CPC 광고에는 전환당비용(CPA)으로 설정된 광고가 포함되어 있기에 이 경우에는 일반적인 CPC보다 클릭당 더 높은 수익을 발생시킬 수 있다. 즉 CPA가 포함된 CPC 광고는 따로 표시되지 않지만, 해당 유형에서 광고를 클릭한 사용자가 광고주가 전환으로 설정한 행동을 완료할 경우, 추가적인 수익이 발생한다. 전환당 비용(CPA)이란 광고주 입장에서 발생하기를 기대하는 구매, 회원가입, 뉴스레터 구독, 다운로드 등과 같은 사용자의 행동이 일어나면 비용이 발생하는 과금 유형이다.

(3) 애드센스를 관리하기 위한 지표

애드센스 관리지표란 애드센스를 운영하는 운영자가 자신의 웹사이트 및 광고를 관리할 수 있도록 구글에서 제공되는 실시간 정보를 의미한다. 주요한 지표로는 예상수입, 페이지뷰, 노출수, 클릭수, 잔고 등의 정보로 구성된다.

■ 예상수입

예상수입은 현재까지 누적된 수익으로 지급한다고 가정했을 때 받을 수 있는 예측된 수익을 의미한다. 예상수입은 현재와 같은 추세라면 광고의 노출과 클릭을 통해 앞으로 일정 기간 동안 수익이 얼마나 발생할지 예상하여 계산한 수치이다. 이 지표를 통해서 애드센스 운영자가 얻을 수 있는 전반적인 광고의 수익률을 예측할 수는 있지만, 표현 그대로 상황이 동일한 경우의 예상수입이다.

■ 페이지뷰(PV : 광고가 게시된 페이지의 총 조회수)

광고가 게시되지 않은 페이지는 집계가 되지 않기 때문에 애드센스의 페이지뷰는 구글 애널리틱스에서 제공되는 페이지뷰와는 다른 값을 나타낼 수 있다.

■ 노출수(광고가 노출된 수)

어느 한 페이지에 광고가 여러 개 게재되어 있다면, 그 페이지가 다른 사용자에게 노출되는 경우에 광고는 모두 노출된다고 가정하기 때문에 페이지 노출보다는 광고 노출수가 더 높게 측정된다. 만약 한 페이지에 광고가 4개 게시되어 있는 페이지가 1회 조회되었다면, 노출수는 4로 표시된다.

■ 클릭수(광고가 방문자들에 의해서 클릭된 수)

클릭수는 광고수익에 가장 큰 영향을 미친다. 하지만 과도하게 클릭되는 경우에는 광고주의 예산 낭비가 발생하는 경우가 있기 때문에 구글 애드센스는 '무효클릭'이라는 설정을 두었다.

■ 잔고(누적된 수익 총액)

현재까지 애드센스에 의해서 누적된 광고수익으로 예상수입에서 무효클릭으로 간주되는 것을 제외하고 계산된다. 잔고는 $100 이상일 때 달러로 인출이 가능하다.

주요 지표 이외에 광고와 관련된 지표로서 CTR과 RPM 등의 지표가 있다.

■ CTR(광고의 클릭률 : 클릭수/광고 노출수)

CTR은 광고에 노출된 사용자가 클릭하는 비율로 관리자는 자신의 사이트에 게재된 광고에 대한 사용자들의 관심수준을 파악할 수 있다. 만일 방문자들과 관련성 높은 주제로 광고 콘텐츠를 제작하면 클릭률이 높아지게 된다.

■ RPM(Revenue per Mile : 1,000회 광고 노출당 수입)

RPM은 페이지 RPM, 노출 RPM으로 구분되어 제공되며 현재까지의 누적된 예상수익을 페이지뷰 1,000회, 노출 1,000회 단위로 다시 산정했을 때 얻을 수 있는 금액으로 표시된다. 예를 들면 현재까지 누적된 예상수입이 $2, 페이지뷰가 200회, 노출수가 400회라면, 페이지뷰 RPM은 $10, 노출 RPM은 $5로 표시된다. RPM 지표는 운영자의 웹이나 앱에 게재되는 광고 관련 수익과 사용자들이 판단하는 관련성을 파악할 수 있는 지표이다.

3) 구글 애널리틱스(GA : Google Analytics) Google Analytics

구글 애널리틱스는 흔히 GA라고 불리며 이것은 광고 운영과 관련된 여러 가지 데이터를 확인하고 분석하는 목적으로 사용하는 유용한 분석도구이다. GA는 자사 사이트로 사용자들이 유입하는 경우에 어느 경로를 통해서 유입되는지 파악할 수 있으며 사이트나 앱에 유입된 후에 어디를 얼마나 보고 행동하는지 일목요연하게 파악할 수 있다. 또한 사이트에서 머무르다가 이탈하는 사용자의 행동 데이터까지 파악할 수 있기 때문에 점점 더 중요성이 커지고 있다. 이와 비슷한 기능을 가진 툴들은 GA 이외에도 있지만 GA는 비용이 무료이고 잘 정리된 자료를 보여준다는 점에서 웹사이트 분석에서 가장 많이 사용되고 있다.

유사한 서비스를 제공해 주는 기업으로는 글로벌 모바일 시장분석 기업인 플러리(Flurry)에서 제공하는 Flurry analytics가 있으며 가장 많이 활용하는 앱 분석도구로 자리 잡고 있다. 플러리는 2005년에 설립된 미국의 모바일 분석, 수익 창출 및 광고 회사로서 모바일 애플리케이션과 소비자의 상호작용을 분석하고 마케팅 담당자가 인앱을 광고하기 위한 패키지 및 수익 창출구조를 적용하는 서비스를 위한 플랫폼을 개발하고 영업한다. 전 세계적으로 25만 개 이상의 개발사 및 80만 개 이상의 앱에서 사용하고 있다.

다른 분석도구로는 Localytics analytics가 있으며, 이 분석도구는 모바일앱 분석 기능 중에서 고객 생애가치 추적(Customer lifetime value tracking)을 분석하는 기능이 있다. 이외에 Mixpanel analytics는 2009년에 론칭한 모바일 & 웹 분석 솔루션 업체에서 제공하는 개별 앱 분석을 위한 툴이다. 또한 IGAWorks의 Adbrix도 있다.

3 구글 플랫폼에서의 광고 노출 순서의 결정방식

구글 플랫폼에서 광고의 노출은 특이하게 경매된 금액을 중심으로 고가의 광고부터 노출하는 방식이 아니라 사용자의 관점에서 사용자가 광고를 보면서 느낄 수 있는 부정적인 경험을 최소화할 수 있는 방식으로 광고를 노출한다. 구글 플랫폼에서 광고 순위에 영향을 주는 요인은 다음과 같다.

광고 순위 = 입찰가 × 광고품질점수 + 연관성 × 광고 확장

1. 입찰가
2. 광고품질점수 + 연관성
3. 광고 확장 및 다른 광고 형식의 예상효과

① 입찰가

대부분의 구글 광고는 사용자들이 클릭할 때마다 광고비가 과금되는데 광고주가 한 번 클릭당 지불할 금액을 입력하면 그 금액을 기반으로 구글 시스템에서 최대한 맞추어 입찰에 참여하게 된다. 그러나 구글 광고는 금액 이외의 요소들도 크게 작용하기 때문에 광고단가를 높게 측정한다고 하여 광고가 반드시 노출되는 것은 아니다.

② 광고품질점수 + 연관성

구글은 광고가 사용자가 찾는 정보와 얼마나 관련성이 높고 유용한지, 사용자가 접속하는 사이트가 사용하기 편리한지 등과 같은 요인을 중심으로 측정하고 품질평가점수로 나타낸다.

③ 광고 확장 및 예상효과

사용자에게 노출할 광고를 제작할 때 광고 브랜드의 전화번호, 특정 페이지로 연결되는 링크 등 추가정보를 넣는 것을 광고 확장이라고 한다. 이러한 방식은 사용자에게 풍부한 추가정보를 제공한다는 점에서 광고 순위에 긍정적인 요인이 될 수 있다.

따라서 광고에서의 내용과 랜딩페이지의 내용이 일치해야 하는데, 만일 할인하는 제품을 광고한 경우에 랜딩페이지에도 동일한 내용이 존재하지 않는다면 방문객의 이탈률이 증가할 것이다. 구글 광고 플랫폼은 이러한 점을 품질평가점수에 반영하기 때문에 광고 문구에서 제시한 동일 내용은 반드시 랜딩페이지에서도 동일하게 제시되어야 한다.

또한 CTR은 광고의 노출 대비 클릭률이 높아야 함을 의미하며, 랜딩페이지가 열리는 속도와 같은 기술적인 요소도 중요하다. 랜딩페이지 속도는 구글 애널리틱스에서도 측정이 가능하다. 기타 이미지 요소는 배너 광고의 가독성이나 사진 등 이미지 품질을 평가한다.

이처럼 광고의 품질평가점수를 높이기 위해서는 광고 메시지, 고품질 이미지 사진과 같은 콘텐츠 요소와 더불어 페이지 로딩 속도를 줄이는 등 웹페이지 최적화와 관련된 기술적 요소들까지 고려되어야 한다.

4 디지털 매체의 특성 : 페이스북/인스타그램/트위터/유튜브

디지털 미디어들은 각 매체별로 다양한 특장점을 가지고 있으므로 광고주의 입장에서 이러한 미디어의 특장점에 맞는 캠페인을 기획하고 실행하는 것이 중요하다. 즉 기업에서 SNS 운영 시 채널에 따라 캠페인의 진행목적에 적합한 채널과 콘텐츠를 조합하여 운영하는 것이 바람직하다.

1) 페이스북

페이스북(Facebook)은 2004년 2월 24일 창업자 마크 저커버그(Mark Elliot Zuckerberg), 에두아르도 세버린(Eduardo Saverin)에 의해서 설립되었다. 한동안 비즈니스 모델을 찾지 못하다가 2007년 11월에 Self-serve 광고 플랫폼인 Facebook Ad 시스템을 오픈하였다.

해당 플랫폼을 통해 광고주 스스로 광고를 등록하고 관리할 수 있게 되었으며 광고주들이 광고 디자인/광고 형식/홍보범위 설정 및 성과 관리 등을 결정해 설계가 가능하다. 이 플랫폼에서는 페이스북 가입자의 프로파일 정보를 통해 타깃 광고가 가능하며, Ads Manager를 통해 광고 메시지의 노출 횟수/클릭수 등 상세한 광고 실적과 정보를 원하는 시기별로 열람 및 분석이 가능한 것이 특징이다. 즉 페이스북이 자체 광고 인프라를 정비하여 마케터들은 광고 목표(Objectives)를, 광고주들은 광고 형태를 염두에 두고 캠페인을 진행할 수 있도록 돕기 위해 제공하는 플랫폼이다.

페이스북은 2012년 론칭한 '페이스북 익스체인지(Facebook Exchange)' 덕분에 2014년부터 광고 매출이 급부상했다. 익스체인지의 원리는 이용자가 웹사이트를 방문할 때마다 브라우저에 남기는 쿠키값을 분석해서 사용자가 페이스북에 접속할 때 관심을 보인 상품(서비스)에 대한 광고를 노출하는 방식이다.

(1) 페이스북 광고의 형태

① 이미지 광고

제품 또는 브랜드의 이미지를 사용해 제작한 광고로서 주로 브랜드의 인지도를 높이기 위해서 사용된다. 이 방식의 광고는 깔끔하고 단순한 형식을 통해 영감을 주는 이미지와 참여를 유도하는 문구를 함께 사용할 수 있다. 광고효과를 높이기 위해서는 단일 이미지를 사용하는 것을 권장하며 이미지에 포함된 문구가 20% 이상이 되면 광고효과가 낮아질 수 있다.

지원되는 파일 유형은 BMP, DIB, GIF, HEIC, HEIF, IFF, JFIF, JP2, JPE, JPEG, JPG, PNG, PSD, TIF, TIFF, WBMP, WEBP, XBM이며 이미지 비율은 1.91:1을 권장하고 있다. 이미지 광고를 사용하는 목적은 다음과 같다.

■ 사이트 방문 유도

페이스북 연구에 따르면 이미지로만 구성된 광고 시리즈가 다른 광고 형식에 비해서 더 많은 고유 트래픽을 유도하는 것으로 나타난다.

■ 신속한 광고 제작

페이스북과 인스타그램 페이지에서 바로 이미지 광고를 만들 수 있다.

그림 10-3 페이스북 이미지 광고

출처 : 페이스북 페이지

■ 제품 인지도 제고

광고 대상의 제품 사진을 활용하여 이미지 광고를 하면 피드에서 사용자의 눈길을 쉽게 끌 수 있다.

② 동영상 광고

제품, 서비스나 브랜드를 보여주는 동영상을 사용해 제작한 광고이며, 페이스북의 광고관리자가 동영상 광고를 만들거나 동영상이 포함된 페이스북 페이지 게시물을 홍보할 수 있다. 동영상 광고는 페이스북, 인스타그램, 오디언스 네트워크(Audience Network), 메신저에 노출된다. 즉 페이스북뿐만 아니라 다른 외부 플랫폼의 다양한 위치에서도 제품, 서비스나 브랜드를 선보일 수 있다.

이 형태의 광고는 노출 위치에 따라 다양한 화면 비율이 지원되고, 광고관리자의 자산 맞춤 설정 기능을 사용하여 여러 개의 크리에이티브를 보여줄 수 있다는 점이 특징이다. 동영상 광고를 게재할 수 있는 위치는 다음과 같다.

- In−Stream : 동영상 시청 중간에 재생되는 광고

그림 10-4 페이스북 동영상 광고

출처 :페이스북 페이지

- Feed : 사용자들의 이야기가 공유되는 공간 속에서 재생되는 광고
- Story : 간단한 이야기를 업로드할 수 있는 '스토리' 기능을 활용하여, 고객들이 스토리를 이용하는 것처럼 자연스럽게 삽입하는 광고

③ 슬라이드쇼 광고

슬라이드쇼 광고는 여러 이미지나 동영상, 텍스트, 소리를 조합하여 브랜드 스토리를 전달하는 형식의 광고이다. 이 형식의 광고에서는 이미지 3~10장이나 단일한 동영상을 사용할 수도 있으며, 단일 이미지 또는 동영상 형식 옵션을 선택했을 때 지원된다. 광고는 페이스북, 인스타그램, 오디언스 네트워크(Audience Network), 메신저에 노출되며 단일 동영상 광고와 동일한 지표를 사용한다.

그림 10-5 페이스북 슬라이드쇼 광고

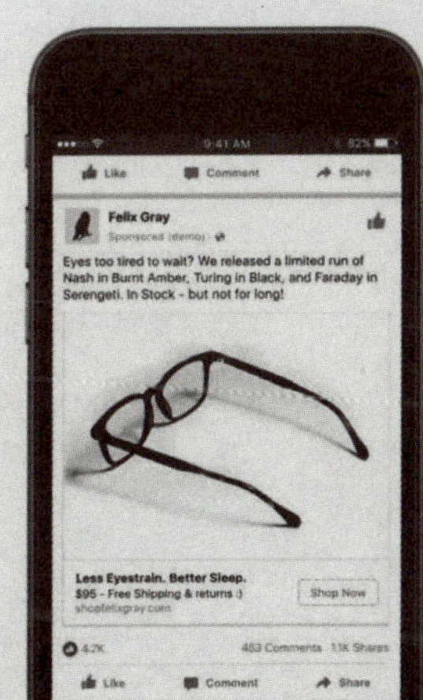

출처 : 페이스북 페이지

④ 슬라이드 광고

슬라이드 광고는 제품 또는 브랜드를 나타내는 둘 이상의 이미지 및 동영상이나 제목, 링크 또는 행동 유도 버튼을 표시하는 광고를 의미한다. 이 광고는 다양한 비즈니스와 요구사항을 만족시켜 주는 형식으로 이미 많은 광고주가 부동산, 서비스 제공, 이벤트 등을 광고하기 위해 슬라이드 형식을 사용하고 있다. 광고 내용에서는 다른 랜딩 페이지로 연결되는 여러 제품을 선보이며 고객에게 다양한 옵션을 제공하고 클릭률을 높일 수 있다.

또한 제품에 대한 다양한 관점과 정보를 제공하여 제품에 대한 고객의 이해도를 높일 수 있으며, 비즈니스의 프로세스를 단계별로 안내하거나 하나의 큰 이미지를 표시하여 몰입도 높은 광고를 구현할 수 있다.

그림 10-6 페이스북 슬라이드 광고

출처 : 페이스북 페이지

⑤ 인스턴트 경험 광고

모바일 기기 사용자가 광고를 클릭하면 브랜드, 제품 및 서비스를 보여주는 전체 화면이 나타난다. 이 유형의 광고는 사용자들의 시선을 집중시키고 고품질 콘텐츠의 효과를 극대화할 수 있다는 장점이 있다. 인스턴트 경험은 즉시 로딩되어 전체 화면으로 열리며 단일 이미지, 동영상, 슬라이드, 슬라이드쇼, 컬렉션 등의 형식이 지원된다.

이러한 형식의 광고는 특히 브랜드의 스토리를 전달할 때 유용하다. 또한 맞춤 인스턴트 경험을 만들거나 여러 템플릿 중에서 선택할 수 있으며 설명 텍스트, 버튼과 링크를 통해 사람들에게 인스턴트 경험을 명확하게 보여준다는 점이 특징이다.

그림 10-7 페이스북 인스턴트 경험 광고

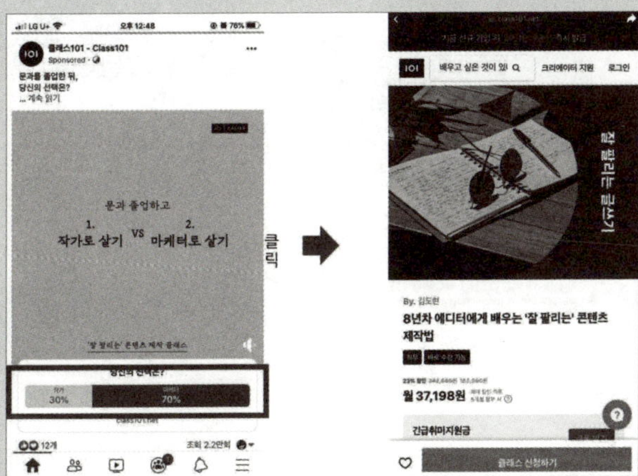

출처 : 페이스북 페이지

⑥ 컬렉션 광고

이 형태의 광고는 사용자들이 휴대폰에서 시각적이며 몰입도 높은 방식으로 제품과 서비스를 간편하게 찾고, 둘러보고, 구매하도록 유도할 수 있는 광고이다. 특히 사용자들로 하여금 제품 발견 가능성을 증가시키는 데 효과가 있다.

피드 광고에서는 사용자가 광고를 터치하면 전체 화면 인스턴트 경험으로 열리는 주요 이미지나 동영상 아래에 4개의 제품이 표시된다. 따라서 사용자들이 클릭 한 번으로 더 많은 제품을 자세히 살펴볼 수 있도록 원활한 탐색 경험을 제공해 준다. 이와 같은 원활한 탐색 경험을 통해서 사용자들을 판매로 전환시키기 용이하다. 특히 이 광고 유형은 유통과 여행 업종에 최적화된 광고 유형이다.

그림 10-8 페이스북 컬렉션 광고

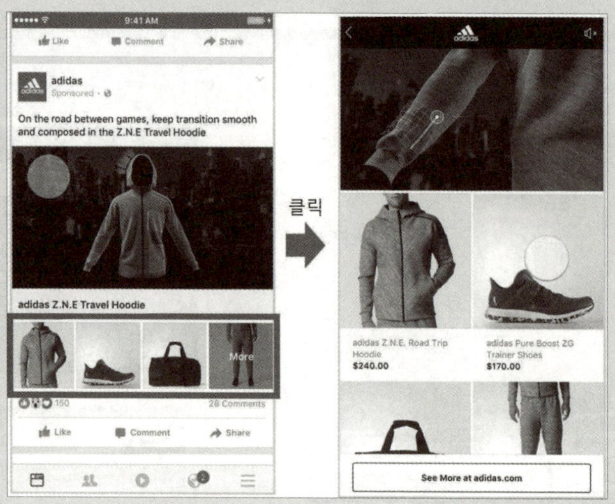

출처 : 페이스북 페이지

⑦ 피드 광고(feed ads)

페이스북 이용자의 쿠키 자료를 통한 추적으로 관련성 높은 이용자에게 노출시킨다. 즉 타깃팅된 이용자의 뉴스피드에 광고를 노출함으로써 사용자들의 참여(engagement)나 앱의 설치와 같은 행동을 촉진시킨다. 또한 사용자들의 쿠키 자료를 통해 이미 방문했던 웹사이트나 어플리케이션을 다시 노출시키는 리타깃팅 광고도 노출시킨다. 그림 10-9의 예를 들면 온라인 쇼핑몰 사이트에 접속 이후 페이스북에 접속하면 다른 온라인 쇼핑몰 광고를 노출시키게 된다.

그림 10-9 페이스북 피드 광고

출처 : 페이스북 페이지

(2) 캠페인 목표별 적합한 광고 유형

광고 목표	광고 유형
브랜드 인지도	이미지 광고, 동영상 광고, 슬라이드 광고, 캔버스 광고(모바일)
고객 전환	링크 노출 광고, 슬라이드 광고, 캔버스 광고, 페이스북 컬렉션 광고
사용자 참여	이미지 광고, 동영상 광고, 텍스트 광고, 캔버스 광고, 페이지 좋아요 참여 광고, 이벤트 응답(댓글)
사용자 도달	이미지 광고, 동영상 광고, 슬라이드 광고

(3) 페이스북 광고 캠페인의 구조

그림 10-10 페이스북 광고 캠페인 구조

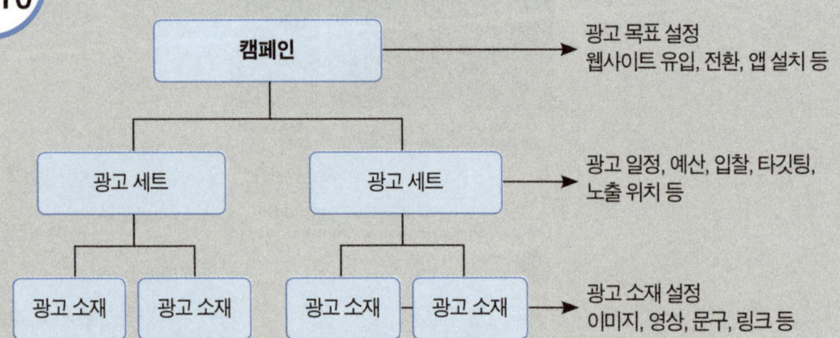

캠페인은 페이스북 광고를 집행하는 목표를 설정하는 단계로서 현재 서비스 및 브랜드가 마케팅 퍼널 내 어떤 비즈니스 목표를 갖고 있는지 파악해야 한다. 예를 들면 사용자에게 브랜드를 알려야 한다면 브랜드 인지 단계를 선택하여야 한다. 즉 광고주의 비즈니스 목표 달성을 위해 페이스북 광고 목표 중 어떤 것이 적합한지 확인해야 한다.

광고 세트는 타깃팅, 노출 위치, 광고 예산 및 일정, 최적화 기준, 입찰 등을 설정하는 단계이다.

- 타깃팅 : 누구에게 광고를 노출시킬 것인가? (핵심/맞춤/유사 타깃 활용 가능)
- 노출 위치 : 어디에 광고를 노출시킬 것인가? (데스크톱/모바일 뉴스피드, 인스타, 타깃 네트워크)
- 광고 예산 및 일정 : 얼마의 예산으로 어느 기간 동안 광고를 집행할 것인가?
- 최적화 기준 : 설정한 타깃에게 어떠한 방식으로 광고를 노출시킬 것인가? (전환/노출수/일일 고유도달 결정)
- 입찰 : 타깃에게 광고를 노출시키기 위해 광고비를 얼마까지 지불할 의사가 있는가? (자동입찰/수동입찰 결정)
- 청구 기준 : 광고비가 지불되는 시점을 언제로 할 것인가?

광고 소재는 정한 타깃에게 어떠한 광고 콘텐츠를 노출시킬지 소재를 설정하는 단계로 노출되는 형태에 따라 슬라이드/단일이미지/영상/슬라이드쇼/캔버스로 구분된다. 각 형태마다 장단점 및 특징이 존재하기 때문에 다양한 소재 테스트가 필요하다. 이미지/영상뿐만 아니라 문구, 링크 등도 설정이 가능하다.

2) 인스타그램

인스타그램(Instagram)은 케빈 시스트롬(Kevin York Systrom), 마이크 크리거(Mike Krieger)에 의해서 개발되었다. 2010년 10월에 서비스를 발표하고 2012년 4월에 페이스북에 인수되었다. 2019년 기준으로 인스타그램의 기업가치는 1천억 달러로 페이스북이 인수할 당시보다 100배 이상 뛰어올라 가치를 인정받고 있다.

페이스북이 인스타그램 인수 후에 페이스북의 광고 플랫폼을 통해 마이클코어스, 아디다스 등 일부 브랜드의 광고를 시범적으로 실시하였다. 인스타그램은 페이스북과 마찬가지로 이용자의 쿠키 자료를 바탕으로 추적하여 광고 메시지를 관련성 높은 이용자에게 노출시킨다. 이를 통해서 이전에 방문한 웹사이트나 앱을 다시 노출시키는 리타깃팅 광고도 노출시킨다.

Yotpo(https://www.yotpo.com/blog/instagram-engagement-rate)에 따르면 평균적으로 인스타그램 트래픽은 192초 동안 유지되며, 페이스북보다 45%, 핀터레스트보다 62%, 트위터보다 40% 이상 긴 것으로 나타난다.

(1) 인스타그램 광고 목표

인스타그램의 광고 목표는 크게 인지도. 관심 유도 그리고 전환으로 구분할 수 있으며 인지도의 경우에는 비즈니스, 제품, 앱, 그리고 서비스의 인지도를 높이는 데 목표를 두고 있다. 관심 유도의 경우에는 잠재고객이 제품이나 서비스를 인식할 수 있도록 유도하는 데 목적을 두고 있으며, 전환의 경우에는 제품의 매출이나 모바일앱을 다운로드 그리고 매장 방문자 수를 늘리는 데 목표를 두고 있다.

그림 10-11 인스타그램 광고 목표

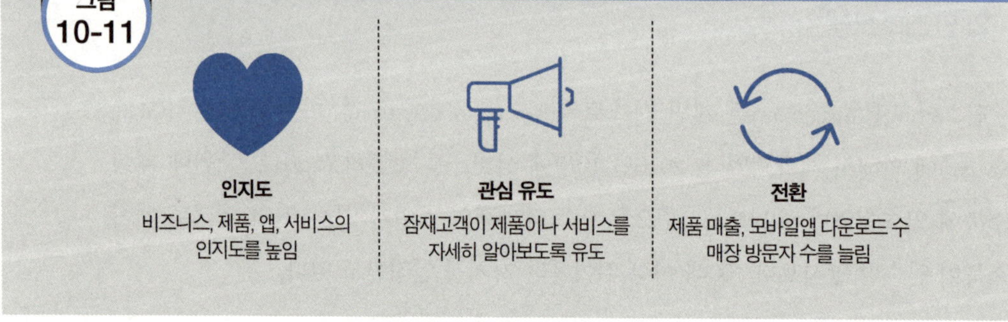

인스타그램의 광고 유형은 이미지, 동영상, 캐러셀, 스토리의 4가지로 구분된다.

그림 10-12 인스타그램 광고 유형

출처 : 인스타그램 페이지

① 이미지 광고

이미지 광고는 가장 기본적인 형태이며 정사각형이나 직사각형 이미지를 사용한다. 이것은 다른 SNS 광고 형태와 비교했을 때 텍스트보다 이미지가 돋보이는 인스타그램의 특성을 활용한 것이다. 이미지 광고의 경우에는 브랜드 인지도 제고를 위하거나 현재 진행 중인 이벤트 홍보에 활용 가능하다.

그림 10-13 인스타그램 이미지 광고

출처 : 인스타그램 페이지

② 동영상 광고

동영상 광고는 최대 60초 길이의 동영상을 광고 게시물로 집행이 가능하며, 주로 브랜드 및 제품을 소개하는 목적으로 활용한다.

그림 10-14 인스타그램 동영상 광고

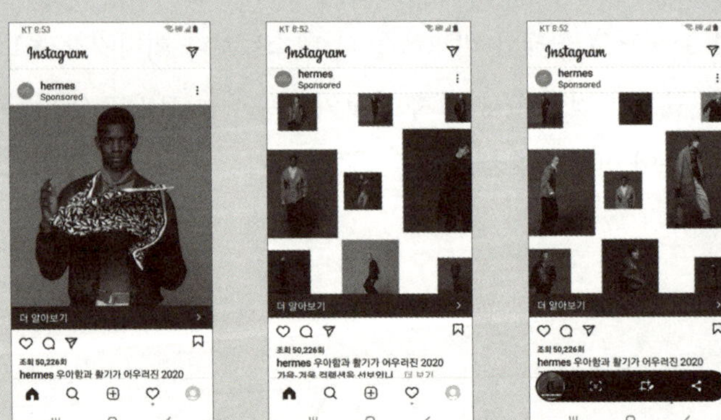

출처 : 인스타그램 페이지

③ 캐러셀(Carousel) 광고

'Carousel'이란 회전목마를 의미하며, 표현 그대로 사용자가 터치를 통해 좌우로 전환이 가능한 광고를 의미한다. 흔히 밀어보기 형태라고도 한다. 인스타그램은 슬라이드를 통해 소비자가 이미지를 스와이프하여 모바일 기기에서 직접 구매할 수 있도록 하는 슬라이드 광고도 제공하고 있다. 슬라이드 광고는 기존 단일 이미지의 스폰서 광고보다 평균 2.5% 높은 주목도를 가지고 있는 것으로 나타난다.

이 형식의 광고에서는 여러 장의 이미지, 동영상, 웹사이트 전환 가능한 CTA(Call To Action) 버튼(더 알아보기, 지금 구매하기) 삽입이 가능한 것이 특징이며 나아가 인스타그램 쇼핑 기능까지 추가할 수 있다.

④ 스토리 광고

스토리는 게시물 사이에 삽입되어 있는 형태의 광고로, 이용자의 검색기록이나 쿠키데이터를 통해 적절한 광고를 노출시키는 타깃팅 방식의 광고를 진행한다. 인스타그램 스토리는 터치 한 번으로 바로 다른 콘텐츠로 넘어갈 만큼 매우 빠르게 진행된다. 따라서 짧은 시간 내에 전달하고자 하는 메시지를 담는 것이 중요하다.

인스타그램 스토리는 24시간 동안 사용자가 스토리에 게시한 사진과 영상을 스트리밍할 수 있는 플랫폼이다. 스토리 피드에 집행되는 광고 유형으로서 세로 형태의 전체 화면을 지원해 시각적으로 광고 몰입도를 높이는 것이 특징이며 CTA 버튼 삽입도 가능하다. 사용자 스토리 사이에 짧은 광고를 삽입하는 것이 가능하며, 이미지 1장~최대 15초 길이의 영상을 사용할 수 있다. 이를 통해서 기존 스토리의 포맷을 유지하고 사용자 경험을 유지하면서 중단 없이 광고를 진행할 수 있다는 장점이 있다. 또한 더 알아보기 버튼을 통해 웹사이트 전환도 가능하다.

스토리 광고의 목적은 ① 브랜드 및 제품 인지도 재고, ② 할인 혹은 스페셜 행사 소개, ③ 고객들과의 소통, ④ 1:1 대화 시작(구매 상담), ⑤ 브랜드 성과 홍보하기, ⑥ 고객 리타깃팅의 목적 등이 있다.

그림 10-15 인스타그램 스토리 광고

출처 : 인스타그램 페이지

⑤ 인터랙티브형 스토리 광고

최근에는 이용자의 참여 유도를 위하여 자발적으로 선택지를 선택하고, 자연스럽게 자사 웹사이트에 접근하도록 하는 인터랙티브 형태의 스토리 광고를 많이 진행한다. 이러한 배경에는 인터랙티브 광고를 활용하게 되면 사용자의 관심을 더욱 자극하고, 흥미로운 콘텐츠를 제작할 수 있기 때문이다. 던킨도너츠의 경우 스토리에 설문 스티커를 사용한 결과 CPV의 비용이 20% 절감한 것으로 나타났다.

그림 10-16 인스타그램 인터랙티브형 스토리 광고

출처 : 인스타그램 페이지

⑥ 탐색 탭 광고

이미 팔로우 중인 계정을 넘어 관심사를 확장하고자 하는 타깃을 대상으로 피드 광고를 확대하여 새로운 곳을 발견하고 싶어 하는 사람들에게 개인의 관심사를 기반으로 맞춤 선정된 콘텐츠를 보여주는 광고이다. 즉 사용자들이 우연한 기회에 콘텐츠를 발견하고, 감상하고, 제품을 구매할 수 있는 일종의 크리에이터 및 비즈니스와 연결할 수 있는 공간이라고 할 수 있다.

그림 10-17 인스타그램 탐색 탭 광고

출처 : 인스타그램 페이지

(2) 캠페인 목표별 적합한 광고 유형

광고목표	광고유형
브랜드 인지도	이미지 광고, 동영상 광고, 슬라이드 광고
고객 전환	링크 광고, 슬라이드 광고, 스토리 광고
앱 설치	모바일앱 광고, 슬라이드 광고, 스토리 광고
트래픽	링크 광고, 슬라이드 광고, 스토리 광고

3) 트위터

트위터는 2006년 잭 도시(Jack Dorsey), 비즈 스톤(Biz Stone), 노아 글래스(Noah Glass), 에반 윌리엄스(Evan Williams)에 의해서 시작되었다. 트위터에서 팔로잉(following), 팔로워(follower) 서비스를 최초로 시작하였으며, 다른 SNS와는 다르게 140자로 제한된 단문 서비스라는 차별점을 가지고 있다.

(1) 트위터 광고 목표

트위터는 2010년 4월에 Promoted Tweet을 통해 광고 시스템을 도입하였다. 트위터는 사용하기 쉽고 간단하며 정보 전달이 빠르다는 트위터만의 특장점을 광고에 접목하여 이용자의 검색어 입력을 기반으로 검색 결과의 최상단에 광고 트윗(Tweet)을 표시하고, 향후 타임라인(Timeline) 중간에도 광고를 표시하는 형식의 광고 서비스를 제공하였다.

① 프로모션 트윗(Promoted Tweet)

트위터에서 가장 오래된 광고 형태이다. 트위터 사용자들의 인구학적 통계와 흥미에 기초한 메시지 타깃팅을 하게 되며 이를 통해서 새로운 오디언스에 도달하거나 기존 팔로워들의 참여를 유도한다. 형식은 광고 트윗이 사용자의 타임라인과 관련 검색어 결과 상단에 나타나는 형태를 띤다. 이 방식은 키워드 타깃팅의 방식으로 사용자가 특정 키워드를 검색하거나 트윗하거나 해당 키워드가 포함된 트윗에 반응하는 사용자에게 도달되는 방식이다.

프로모션으로 분류되지만 오가닉 트윗과 동일하게 리트윗할 수 있고 답장을 보낼 수 있으며 좋아요가 가능하다는 것이 특징이다. 화면 하단에 'promoted'라는 단어가 표기되어 게시글이 광고임을 나타낸다. 동영상을 게재할 때 60초 미만 시 영상이 반복되는 유형이다.

이 방식은 사용자의 참여 기반으로 구매하기 때문에 사용자가 광고주 계정(광고계정)을 팔로우하거나, 프로모션 트윗을 리트윗, 마음에 드는 글 지정, 답글 게시 또는 클릭한 경우에만 비용을 지불하는 CPE 방식이며 발생하는 첫 번째 참여에만 과금된다. 훗스위트(Hootsuite)를 포함한 일부의 서드파티 고객에 판매 가능한 광고 형태이다.

Promoted Tweet의 유형 및 사양은 다음과 같다.

- 일반 텍스트 트윗 : 280자 (링크 포함 시 257자)
- 트위터 이미지 : 글자수 동일, 이미지 첨부 가능
- 트위터 GIF : 글자수 동일, 5MB 이하의 GIF 첨부 가능

그림 10-18 프로모션 트윗(Promoted Tweet)

출처 : 트위터 페이지

② 프로모션 비디오(Promotion Video)

이 형식은 타임라인에서 사람들의 참여를 유도하기 위해 인피드로 표시되는 자동 재생 비디오인 프로모션 비디오로 사용자들의 관심을 유도하는 방식이다. 프로모션 비디오의 유형 및 사양은 다음과 같다.

- 280자, 링크 사용 시 257자
- 최대 1GB 이하, 15초 이하의 영상 권장(최대 2분 20초), 일부 광고주는 최대 10분까지 요청 가능
- 로고를 사용하는 경우 왼쪽 상단 모서리에 일관성 있게 위치 자막 필수

그림 10-19 트위터 프로모션 비디오 광고

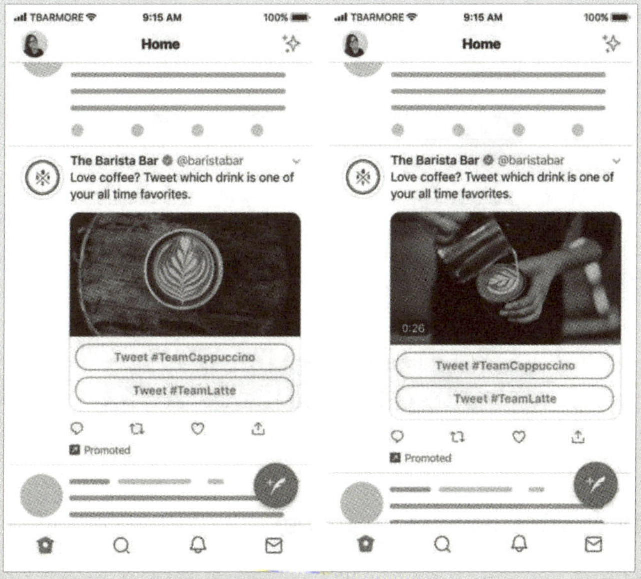

출처 : 트위터 페이지

③ 광고주 트위터 계정 추천 서비스(Promoted Accounts)

트위터 메인 페이지에서 팔로우 추천란과 타임라인, 검색탭, 프로필 페이지에 노출된다. 사용자가 관심을 가질 만한 기업들의 계정이 노출되고, 기업은 관심을 가진 이들을 팔로워로 얻게 된다. 이는 커뮤니티 지지층(advocate)을 확보하고 이들을 통해 지속적인 소통과 홍보가 가능해지는 이점이 있다. 이 경우에는 팔로우 1명당 비용

(cost-per-follower)을 지불하게 된다.

그림 10-20 광고주 트위터 계정 추천 서비스

출처 : 트위터 페이지

④ 프로모션 트렌드(Promoted Trends)

실시간으로 가장 인기 있는 주제를 보여주는 트렌드(Trends)는 사용자의 타임라인 바로 옆에 위치하여 눈에 잘 띄기 때문에, 매우 많은 노출이 발생하게 된다. 프로모션 트렌드를 통해서 큰 폭의 인지도 상승과 온라인상의 버즈 생성 그리고 브랜드 프로모션과 이벤트 런칭이 가능하다. 타깃팅 방식은 국가별로 이루어지며 과금체계는 일 24시간 고정가로 이루어진다.

그림 10-21 트위터 트렌드 광고

출처 : 트위터 페이지

⑤ 인스트림 동영상 광고(In-Stream Video Ads) 및 스폰서십

인스트림 동영상 광고 및 스폰서십을 통해 영향력 있고 브랜드 가치를 지켜주는 프리미엄 게시자와 파트너 관계를 맺고 인피드, 프리롤 동영상을 사용해 참여도가 높은 오디언스에게 도달 가능하다. 인스트림 동영상 광고 및 스폰서십 유형 및 사양은 다음과 같다.

- 인스트림 동영상 광고 : 6초 이하 권장, 16×9 또는 1×1
- 인스트림 동영상 스폰서십 : 6초 이하, 16×9 또는 1×1

그림 10-22 인스트림 동영상 광고

출처 : 트위터 페이지

트위터는 140자 이내에서만 트윗을 등록할 수 있기 때문에 사용자가 URL을 트윗으로 등록하는 경우에 만일 140자가 넘게 되면 정확한 URL이 링크가 되지 않는 경우가 발생한다. 이러한 문제점을 해결하고자 트위터는 트위터 카드(Twitter Card)를 제공하여 사진, 동영상, 뉴스 등을 트위터에 등록할 수 있도록 제공하고 있다.

이 경우에 사용자가 간단하게 몇 줄의 HTML 코드를 사이트에 입력하면, 사용자가 내 사이트의 특정 컨텐츠를 트윗에 링크할 경우 사용자와 팔로워들이 트위터에서 압축된 자사 브랜드 사이트의 콘텐츠를 볼 수 있다.

⑥ 웹사이트 카드

이미지 및 비디오 웹사이트 카드를 사용하면 오디언스를 원하는 시작페이지로 원활하게 유도할 수 있는 이미지 또는 동영상 광고를 공유할 수 있다. 웹사이트 카드 유형 및 사양은 다음과 같다.

- 동영상 웹사이트 카드 : 문구 280자, 웹사이트 제목 길이 70자, 동영상 15초 이하 권장. 1200×1200 크기 권장
- 이미지 웹사이트 카드 : 문구 280자, 웹사이트 제목 길이 70자, 이미지 크기 1.91:1 비율, 1:1 비율, 헤더입력 콜투액션 버튼 사용

⑦ 앱 카드(App Card)

앱 카드는 모바일앱의 설치 및 참여를 유도하게 되는데 새로운 소식을 발견하기 위해 트위터를 사용하는 이용자들에게 다양한 광고 소재 캔버스를 활용하여 앱을 소개한다. 트위터만의 장점인 소셜 타깃팅 시그널을 통하여 트위터 오디언스 플랫폼의 수천 개의 인기 앱을 사용하는 8억 명 이상의 잠재적인 오디언스에게 도달 가능한 점이 특징이다. 또한 앱 설치 메시지를 전달하면서 동영상을 통해 앱 경험을 미리 보여주어 접근성을 높일 수 있다. 앱 카드 유형 및 사양은 다음과 같다.

- 비디오 앱 카드 : 280자, 동영상 16×9, 1×1비율 , 설명 길이 200자, 동영상 길이 15초 이하, 브랜딩 권장, 자막 필수
- 이미지 앱 카드 : 280자, 이미지 비율 1.91:1, 1:1, 콜투액션

⑧ 트위터 쪽지카드(Conversational Card)

트위터 사용자에게 맞춤형 브랜드 경험을 제공하는 가장 좋은 방법인 쪽지카드를 통해서 사용자의 참여를 유도하고 트위터의 쪽지에서 대화를 시작할 수 있는 점이 특징이다. 트위터에서 사용자가 적극적으로 참여하고 있는 대화를 기반으로 쉽게 타깃팅이 가능하다. 스포츠, 라이프스타일, 비디오게임, 책 등 25개의 카테고리에 걸친 1만여 개의 대화 주제 중에서 선택할 수 있으며 맞춤형 브랜드 경험을 제공하는 가장 좋은 방법인 쪽지카드로 사용자의 참여를 유도하고 트위터의 쪽지에서 대화를 시작할 수 있다. 트위터 쪽지카드 유형 및 사양은 다음과 같다.

- 동영상 쪽지카드 : 256자, 콜투액션 24자, 동영상 길이 15초 이하
- 이미지 쪽지카드 : 256자, 콜투액션 242자, 이모티콘 지원, 권장되는 최소 가로 길이 800픽셀, 화면 비율 1.91:1

(2) 트위터 광고의 장점

트위터는 사용자가 자신이 찾는 관심 분야의 최신 이야기, 아이디어, 의견, 새로운 소식을 접할 수 있는 실시간 정보 네트워크이다. 트위터의 핵심은 트윗이라 불리는 작은 정보들의 조합과 오디언스 정보 파악이다. 내 팔로워와 내 트윗에 참여한 사용자들에 관한 정보 등 가장 연관성 높은 오디언스에 대한 실시간 데이터를 확인할 수 있으며 오디언스의 인구 통계, 관심사, 라이프스타일, 구매행동에 관한 인사이트를 얻을 수 있다.

(3) 캠페인 목표별 적합한 광고 유형

	프로모션 트윗	프로모션 계정	프로모션 트렌드	모바일앱 프로모션	프로모션 비디오
목적	팔로우 증대	메시지 전달	대량의 온라인 버즈 생성	앱 설치 및 사용	동영상 홍보
과금 방식	CPF (팔로우당 과금)	CPE (참여당 과금)	1일 고정가	CPAC (앱 클릭당 과금)	CPV (동영상 건당 과금)
노출지면	타임라인, 팔로우 추천, 발견하기	타임라인, 검색결과, 발견하기	트렌드 영역	타임라인, 검색결과, 발견하기	타임라인, 검색결과, 발견하기
타깃팅	관심사, 사용자ID, 키워드	관심사, 사용자ID, 키워드, 팔로워, 디바이스	국가	관심사 사용자ID, 키워드, 팔로워, 디바이스	관심사, 사용자ID, 키워드, 팔로워, 디바이스

4) 유튜브

유튜브(YouTube)는 2005년에 채드 헐리(Chad Hurley), 스티브 첸(Steve Chen), 자베드 카림(Jawed Karim)에 의해서 서비스가 시작되었다. 세계 최대 영상 플랫폼으로 2019년 매출이 약 18조 원에 달한다. 한국에서 가장 방문자가 많은 영상 플랫폼으로, 방문자 중 80%는 최소 일주일에 한 번 이상 유튜브를 시청한다. 구글이 2006년 10월에 유튜브 인수 후 동영상 아래 반투명 광고를 표시하면서 구체적인 형식의 광고를 2007년에 도입하였다.

유튜브 광고는 크게 3가지로 구분된다.

- TrueView 광고
- 건너뛰기가 없는 동영상 광고
- 범퍼 광고

(1) TrueView 광고

유튜브 영상이 시작된 후 노출, 시청자가 스스로 광고 건너뛰기(Skip)가 가능한 광고이다. 일반적으로 가장 많이 사용되는 방식이다. 광고주가 광고하고자 하는 제품의 사용법, 리뷰 영상 등 정보성 콘텐츠를 광고로 사용하기 적절한 유형이다.

동영상 시작 부분에 시청자 행동을 유도하는 CTA를 동영상에 추가할 수도 있으며, 광고를 보지 않고 건너뛰는 시청자들에게도 일부 광고를 노출시킬 수 있기 때문에 좋은 ROI를 기대할 수 있는 유형이다. 만일 시청자가 광고를 건너뛰었을 경우 광고비는 미청구하게 된다.

① TrueView 인스트림 광고

가장 대표적인 유튜브 광고로서 사용자가 영상 시청 전과 중간에 '5초 건너뛰기' 버튼과 함께 노출된다. 또한 영상 옆에 이미지/비디오 컴패니언 배너를 추가하여 영상이 끝나도 지속적으로 광고를 노출시킬 수 있다. 영상이 재생되는 동안 화면 오른쪽 상단에 링크 배너가 노출되어 해당 웹사이트로 유도가 가능하다.

그림 10-23 TrueView 인스트림 광고

출처 : 유튜브 페이지

모바일의 경우 영상 하단에 앱 설치를 유도하는 배너 노출이 가능하며 사용자의 동영상 시청시간 또는 클릭에 따라 비용이 발생된다. 광고가 시작되면 5초에 광고를 제거할 수 있는 Skip 기능이 화면에 나타나며, 30초 미만의 광고를 사용자가 전부 시청하면 광고비가 발생되고, 30초 이상의 광고에도 최소 30초 이상 시청하면 과금되는 방식이다. 최대 3분까지 가능하지만 일반적으로 30초 이내의 길이가 효과적이다.

② TrueView 검색 광고

그림 10-24 TrueView 검색 광고

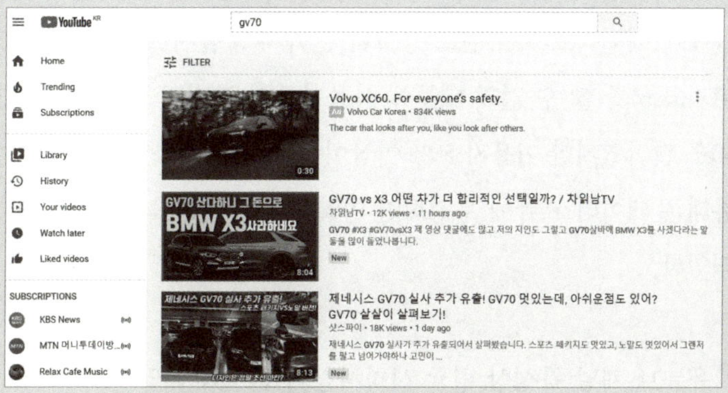

출처 : 유튜브 페이지

디스플레이 광고 종류이다. 특정 키워드가 검색되면 관련성이 높은 내용의 광고가 최상단에 노출된다. 단순히 이미지만 노출되는 것이 아니라 클릭 시에는 광고 영상으로 넘어가고 인스트림 광고와 마찬가지로 웹페이지 등으로 사용자를 유도하고 있다. 일반 동영상처럼 영상 길이에 제한이 없다.

③ TrueView 도달 광고

시청자가 광고를 볼 때마다 비용이 지불되는 CPM(1,000회당 비용) 광고 방식이다. 이 광고는 6~30초 사이의 영상 길이가 적당하며, 모든 타깃에게 광고를 보여주기 위해 최적화된 방식이다. 이 광고 형식의 목표는 다양한 제품을 판매하는 온라인 쇼핑몰이나 다수의 잠재고객에게 브랜드 론칭을 소개하기 위한 광고 방식이다.

(2) 건너뛸 수 없는 유튜브 광고

건너뛸 수 없는 유튜브 광고 유형으로는 프리롤 광고, 미드롤 광고 그리고 범퍼 광고가 있다. 영상 시청을 유지하려는 사용자와 브랜드와 관련 있는 특정 타깃 사용자들에게 직접적으로 브랜드 광고를 끝까지 노출시킬 수 있는 유형이다. 하지만 건너뛰기(skip)를 할 수 없기 때문에 사용자들의 부정적인 반응도 많은 편이다. 초기에는 30초 길이였지만 이용자 50% 이상이 모바일 사용자인 것을 감안했을 때 30초 광고는 휴대폰 데이터 요금에 부정적인 영향을 줄 수 있다는 통계로 15~20초의 길이로 변경되었다.

유튜브 채널 특성상 평균 시청시간이 길수록 해당 광고의 성과가 좋은 것으로 나타났다. 건너뛰기가 안 되는 광고 중에 유독 중독성 있는 멜로디 영상 광고, 패러디물 등의 광고가 많이 나오는 이유가 바로 이러한 광고 환경을 잘 활용하기 위함이다.

① 프리롤(Pre roll) 광고

동영상 재생 전에 시작되는 광고 형식이다.

② 미드롤(Mid roll) 광고

동영상 길이가 10분 이상 되는 영상 재생 중간에 나오는 광고 형식이다.

(3) 범퍼(Bumper) 광고

범퍼 광고는 짧고 기억하기 쉬운 메시지로 광범위한 고객에게 도달하고자 할 때 사용하게 된다. 길이는 6초 이하이며 다른 동영상 전후 또는 중간에 재생되고 강제노출 방식이므로 광고를 건너뛸 수 없는 것이 특징이다.

유튜브 범퍼 광고 우수사례

범퍼 광고는 유튜브 동영상과 구글 동영상 파트너에서 실행되는 웹사이트 및 앱에 게재되며, 타깃 CPM 입찰을 사용하므로 광고가 노출될 때마다 비용을 지불하는 방식이다. 따라서 상대적으로 다른 광고 유형에 비해 저렴한 편이다. TrueView 광고와 함께 게재할 때 효과적이며 길이가 짧기 때문에 사용자들의 거부감이 적어서 주로 모바일 시청자 타깃팅에 사용된다. 6초 이하의 짧은 시간 내에 직관적이고 임팩트 있는 메시지 전달을 위해서 기획과 카피라이팅 능력이 특히 중요하다.

(4) 유튜브 비동영상 광고

① 마스트헤드(Masthead) 광고

그림 10-25 마스트헤드 광고

출처 : 유튜브 페이지

마스트헤드 광고는 새로운 서비스나 신제품에 대한 인지도를 높이거나, 할인 행사와 같이 단기간 내에 방대한 잠재고객에게 도달하고자 할 때 사용한다. 이 광고를 예약하기 위해서는 구글 영업 담당자를 통해서만 사용할 수 있으며 모바일과 데스크톱에서 진행된다. 이렇게 예약 방식으로만 제공되므로 고정 일일비용(CPD) 또는 고정 1,000회 노출당 비용(CPM) 방식으로 비용이 청구된다.

마스트헤드 광고는 사용자 전체를 대상으로 노출되며, 1일 노출수는 3천만 회 이상이다. 광고 집행비가 약 4천~7천만 원으로 매우 비싼 편이므로 광고예산이 많은 대기업이 짧은 시간 내 브랜드 인지도를 높이기 위해 사용하는 경향이 높다.

② 오버레이(overlay) 광고

그림 10-26 오버레이 광고

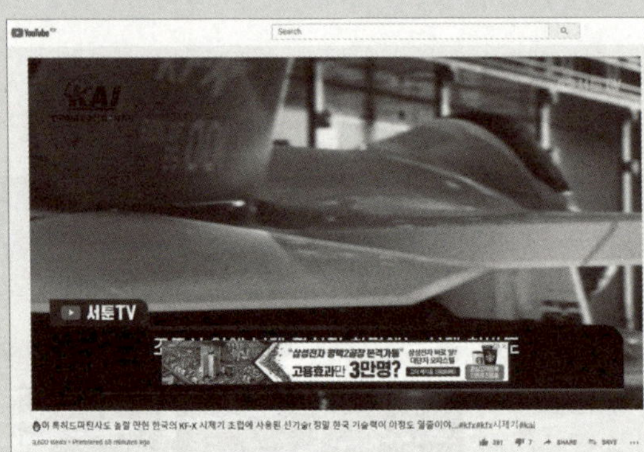

출처 : 유튜브 페이지

유튜브 영상 시청 도중 일시정지를 했을 경우, 동영상 하단의 최대 20% 공간에 오버레이 광고가 노출되는 광고 형식이다. 오버레이 광고 이미지를 클릭할 경우 랜딩 페이지로 연결된다.

PART V

디지털 마케팅 커뮤니케이션 용어정리

Abusing(어뷰징)

포털사이트상에서 클릭수를 조작하는 행위. 언론사가 의도적으로 클릭수를 늘리기 위해 동일한 제목의 기사를 반복 전송하거나 블로거들이 상업적 목적으로 다중 계정을 만들어 특정 프로그램을 통해 블로그 유입을 늘리는 행위를 포함.

Ad. Click=Banner-Click

광고가 사용자가 노출된 수 대비 얼마나 클릭이 되었는지를 나타내는 비율. 즉 광고 클릭률을 의미함.

Ad. Exchange

애드익스체인지는 '광고 거래 중개소' 역할을 하게 됨. 애드네트워크 규모가 점점 커지면서 수많은 애드네트워크가 묶여 탄생함. 다양한 애드네트워크와 연결되어 있으며, 네트워크 간 거래가 가능함. 대표적인 회사로는 구글 더블클릭(DoubleClick), 앱넥서스(appnexus), 모펍(mopub) 등이 있음.

Ad. Exposure(광고 노출수)

광고(배너)가 사용자의 웹브라우저로 다운로드되어 보여지는 횟수.

Ad. Fraud(광고사기, 부정 광고)

부정한 방식으로 광고 트래픽을 발생시켜 광고주로부터 부당한 수익을 취하는 행위. 흔히 영어의 한글 표현인 '프로드'라고도 하며 이는 봇(bot)을 이용하여 트래픽을 실제보다 부풀리거나, 광고를 클릭하지 않아도 프로그래밍을 이용해 자동으로 로딩한 후, 앱 다운로드 페이지로 리디렉션되도록 하는 '자동 리디렉션' 등이 있음.

- Ad Injection : 광고 삽입은 사이트 소유자의 허가를 얻거나 비용을 지불하지 않고 웹페이지에 광고를 몰래 삽입하는 기술.
- Ad Stacking : 여러 개의 배너를 겹쳐서 보여주는 형태의 사기. 맨 위의 배너만 사용자에게 보이고 나머지는 보이지 않음.

- Pixel Stuffing : 작은 픽셀에 광고를 송출하여 사용자 눈에는 광고가 보이지 않는 사기.
- Background Ad Serving : 앱이 백그라운드에서 돌고 있는 동안에도 광고를 송출하는 형태의 사기.
- Domain Spoofing : 사용자에게 실제로 노출, 클릭되나 멀웨어가 설치되어 있어서 프리미엄 퍼블리셔 도메인 접속 시 광고를 투입하여 애드익스체인지에 프리미엄 퍼블리셔의 이름으로 입찰을 하거나, 애드태그를 조작하여 실제 노출되거나 클릭한 사이트가 아닌 프리미엄 퍼블리셔의 도메인으로 바꾸는 수법의 사기.
- Cookie Stuffing : 웹사이트 방문의 결과인 쿠키를 사용자가 알지 못하는 상태에서 타사 쿠키를 받는 기법.
- Impression Hijacking : 멀웨어(malware[malicious software]. 데이터·컴퓨터·네트워크를 위험에 노출시킬 수 있는 악성 소프트웨어)가 포함된 앱을 다운받았을 때 사용자의 디바이스에 침투하여 사용자에게 보이지 않는 광고를 송출하는 수법.
- Click farm : 가짜 클릭 농장은 클릭 사기의 일종으로, 상당수의 저임금 노동자들이 클릭 사기꾼을 위한 지불형 광고 링크를 클릭하기 위해 고용됨.

ADID/GAID(Advertising Identifier/Google Advertising Identifier)

광고 목적으로 사용자에게 개별적으로 부여하는 ID로 디바이스ID와는 다르게 사용자가 끄거나 리셋할 수 있음.

Ad Tag

애드서버나 익스체인지가 제공하는 광고 태그로, 퍼블리셔의 웹페이지에 배치됨. 애드태그는 애드서버로부터 콘텐츠를 불러오는 역할을 함.

Ad. Networks

모바일 광고 집행을 편리하게 하기 위해 광고 매체를 묶어 네트워크화한 것. 이 네트워크가 형성되어 있기 때문에, 실시간으로 광고인벤토리를 경매하는 RTB(Real Time Bidding)가 가능함.

Ad. Views=Impression

브라우저 캐싱으로 인해 광고 임프레션 횟수를 과소 산정할 수도 있음. 광고 배너가 웹서버로부터 읽혀져 로그에 남은 횟수로 산정할 것인지, 아니면 실제 웹브라우저에 나타나 사용자에게 보여진 횟수로 산정할 것인지 논란이 많음. 본 시스템의 광고분석 스크립트는 매번 다른 스크립트를 생성함으로써 캐시에 상관없이 정확한 광고 노출횟수를 측정함.

API(Application Programming Interface)

소프트웨어를 구축하고 통합하기 위한 정의 및 프로토콜 세트로, 애플리케이션 프로그래밍 인터페이스를 의미. 일반적으로 API의 역할은 서버와 데이터베이스에 대한 출구 역할을 하게 되며, 애플리케이션과 기기가 원활하게 통신할 수 있도록 하고, 다양한 도구들에 의한 모든 접속을 표준화하는 기능이 있음.

ARPPU (Average Revenue Per Paying User)

특정 기간 동안 결제한 사람들이 평균적으로 지불한 금액을 의미. 일반적으로 한 달 동안의 결제금액.

[ARPPU=총 매출 / 결제한 사용자 수]

Attribution Tool=트래킹 툴(Tracking Tool)

자사의 앱 혹은 캠페인에 활용된 광고의 분석을 위한 툴. 광고를 통해 사용자가 어떤 활동을 했으며, 얼마의 매출을 올렸는지 모두 추적이 가능하며, 이를 기반으로 다시 효율적인 광고를 집행하기 위해 사용됨. 즉 광고가 집행된 기록을 집계하는 광고 성과 측정 툴을 의미함.

- 웹 : Google Analytics, Naver Analytics
- 모바일 : AppsFlyer, Adjust, TUNE, Kochava, Ad-brix 등

Average Click Cost(평균 클릭비용)

광고 클릭에 대해 광고주가 지불하는 평균 금액.

[평균 클릭당 비용(평균 CPC)=클릭에 대한 총 비용/총 클릭수]

[ex] 2회의 클릭이 발생하여 그중 하나에서는 200원의 비용이 발생하고 다른 하나에서는 400원의 비용이 발생했다면, 이러한 클릭에 대한 총 비용은 600원이 된다.

[600원(총 비용) / 2(총 클릭수)=평균 CPC 300원]

Average Duration Time(Avg. DT; 평균 체류시간)

방문자들이 각각 설정된 일정 기간 내에 해당 페이지에 머문 시간들을 방문자수로 나눈 평균을 의미함. 이 지표는 1인당 기간 대비 체류시간의 평균을 의미함.

Average View(Avg.PV ; 평균 페이지뷰)

1인당 발생시킨 페이지뷰의 평균. 방문자의 활동성을 파악하기 위한 지표로서 전체 페이지뷰(PV)를 순 방문자(UV)로 나눈 수치임.

[Avg. PV=PV / UV]

Banner Advertising(배너 광고)

홈페이지 내에 띠 형태의 이미지를 만들어 노출하는 광고 형태. 현수막과 비슷한 모양을 하고 있어서 배너(banner) 광고라고 함. 대표적인 DA(Display Advertising) 형태이며 일반적으로 불특정 다수를 대상으로 노출하지만 GDN(Google Display Network)과 같은 네트워크 광고의 경우 타깃팅 광고도 가능함.

[cf] 롤링배너 광고(Rolling Banner Advertising) : 배너 광고의 한 형태로 하나의 배너에 한 광고주의 광고만 걸리는 것이 아니라 2개 이상의 광고가 번갈아 노출되는 형태의 광고를 의미함. 일정 시간이 지나면 배너 내의 광고가 바뀌거나 새로 고침 등 페이지에 리셋이 적용될 때 광고가 바뀌는 형식 등이 있음. 한 사이트의 초기화면 상단 배너가 1/3 rolling 이라면 상단 자리에는 3개의 다른 광고주의 광고가 무작위로 노출됨을 의미함.

Bounce Rate(이탈률)

소비자가 특정 홈페이지를 방문하고 다른 페이지로의 유입 없이 한 페이지만 보고 나가는 경우를 반송수라고 하는데, 이때 방문수 대비 반송수의 비율을 이탈률이라고 함.

앱 설치 후, 앱을 더 이상 사용하지 않는 사용자의 수를 나타냄. 전체 사용자를 1로 보고, 그중 지속적으로 앱을 사용하는 사용자의 비율을 빼서 파악하게 됨.

[이탈률(BR)=(반송수/방문수)×100]

cf. Exit Rate : 같은 이탈률이지만 Bounce Rate와 차이가 있음. Bounce Rate는 상호작용 없이 웹사이트를 벗어난 것, Exit Rate는 상호작용을 모두 마친 후에 웹사이트를 나가게 되는 것을 의미함.

Campaign(캠페인)

실제 세부적인 마케팅활동 등(이메일 광고, 뉴스레터, 배너 광고, 제휴페이지 등)을 통합하여 지칭.

Click Booster

클릭률이 높은 페이지로 광고노출을 집중시켜, 광고의 클릭률을 일정 수준으로 끌어올리는 것.

Click Stream(클릭의 흐름)

방문자는 웹사이트 내 다양한 페이지를 클릭해 둘러보게 되는데 이러한 일련의 클릭을 통한 웹브라우징을 의미함. 이때 방문자가 보게 되는 페이지들의 연속적인 분석을 통해서 방문자의 내비게이션 및 성향을 분석하거나, 하나의 페이지 내에서 어떠한 링크 요소들에 대해 방문자의 호감을 얻게 되는지 등을 분석하는 데 사용됨.

Cookie

웹브라우저가 저장하는 웹사이트에서 만들어진 방문자에 대한 정보로, 사용자를 기억하기 위한 목적으로 저장됨. 브라우저를 종료하면 삭제되는 session 쿠키와 일정 기간 후에 삭제되는 persistent 쿠키가 있음.

Clutter

혼잡 상태. 수용자의 주의집중을 방해하는 광고 메시지의 혼잡상태. 광고들의 경쟁이 증가되어 오디언스의 주의집중을 혼란시켜 메시지 전달에 방해되는 매체 환경.

CPA(Cost Per Action)

소비자가 온라인상에 노출된 광고를 클릭하고 랜딩페이지에 진입하고, 광고주가 기대하는 특정 행동을 했을 경우에 과금되는 광고비 책정 방식. 주로 구매를 기준으로 삼지만 회원가입, 이벤트 신청, 다운로드, 앱 설치 등을 기준으로 삼기도 함. 게임의 경우에는 특정 고객 액션(행동)당 광고단가를 의미. 여기서 특정 액션이라는 것은 광고주의 요구에 따라 달라질 수 있는데, 광고주가 특정 게임 스테이지를 사용자가 넘어서는 경우를 액션으로 설정하고, 해당 액션이 이루어질 경우 과금이 되는 방식으로 진행됨.

[ex] 월간 10만 원의 광고비용으로 100개 전환이 이루어진 경우

CPA=10만 원 ÷ 100=1,000원 (1전환당 1,000원을 사용함)

CPC(Cost Per Click : 클릭당 비용)

노출에 관계없이 한 번 클릭이 일어날 때마다 책정된 가격이 소진되는 종량제 광고. 이때 책정된 가격이란 키워드마다 차이가 있으며, 입찰을 통해 가격이 형성되므로 실시간 가격이 변동됨.

[CPC=총 광고비/클릭수]

CPM(Cost Per Mille : 1,000번 노출당 비용)

광고가 1,000번 노출됐을 때 광고단가. Mille은 로마 숫자표기로 1,000을 의미함. CPM, CPC, CTR 등은 일반적으로 비용 대비 효과를 판단하는 데 참고하는 지표임.

CPC(Cost Per Click)

1회 클릭당 광고단가. 광고를 통해 클릭이 발생하면 비용을 지불하는 방식.

CPI(Cost Per Install)

앱 설치당 광고단가. 광고를 통해 사용자가 앱을 설치하면 비용을 지불하는 방식. 광고비 책정 방법 중 하나로 광고의 노출량과 상관없이 앱 설치 건당 과금되는 방식. 주로 모바일 게임과 관련한 광고에 많이 적용되며 CPA(Cost per Action) 방식의 하나로 분류됨.

CPI(Cost Per Impression)

CPM과 유사하지만 노출되는 순간 과금이 발생되는 차이가 있음.

[ex] 1회 노출에 1원

CPL(Cost Per Lead)

회원가입 유치를 위해 만들어진 과금 방식.

[ex] 1회 회원가입마다 1,000원

CPRP(Cost Per Rating Point)

표적 오디언스 1%에 도달하는 데 소요되는 비용을 의미함.

[ex] 광고단가/구독률 또는 시청취

CPI(Cost Per Impression)

CPM과 비슷하지만 노출되는 순간 과금 발생.

[ex] 1회 노출에 1원

CPP(Cost Per Period)

광고의 시간당 과금 방식으로 일정 기간(시간) 동안 광고를 노출시키는 방식. 보통 인기가 많아 경쟁이 치열한 경우 사용되기도 하며 효율이 좋거나 노출이 많이 되는 피크 시간대에는 그만큼 가격이 비싼 경우가 많음.

[ex] 네이버 메인의 배너 광고

CPS(Cost Per Sales)

클릭 후 고객이 특정 상품을 구매해서 이윤이 발생되면 그에 대한 특정 %를 수수료로 매체사에 지급.

[ex] 100만 원 구매 시 3% 수수료 과금

CPV(Cost per View)

최소한의 시청시간이 경과한 광고에 대한 시청당 비용. 주로 유튜브나 네이버의 TV캐스트와 같은 동영상 서비스 플랫폼에 사용됨. 동영상 광고가 노출되면 무조건 과금되는 방식이 아니라 15초나 30초 등 일정 시간 이상 광고를 시청해야 과금되며 광고 영상을 클릭하면 지정된 랜딩페이지로 이동함.

CPT(Cost Per Time)

시간에 따른 과금제. 일정한 단위(예 : 1주일) 동안의 광고비를 입찰받아 진행하는 방식으로 광고주가 제시한 입찰가에 따라 광고비용과 노출순위가 결정되는 키워드 방식임. 광고가 사용자가 노출된 수 대비 얼마나 클릭이 되었는지를 나타내는 비율, 즉 광고 클릭률을 의미.

[ex] 100만 원에 1개월 동안 배너 광고

CTR(Click Through Rate)

클릭률이라고 하며 광고의 노출횟수 대비 클릭이 일어난 횟수를 나타내는 의미. 즉 광고를 본 사람 중 몇 명이나 해당 광고를 클릭했나를 비율로 나타낸 것.

[CTR=(클릭수/노출수)×100]

[클릭수(1,000)/노출수(20,000)×100=5%]

노출	클릭수
20,000	1,000

CVR(Conversion Rate : 전환율)

얼마나 많은 사람들이 광고를 본 후 행동을 '전환'했는지를 측정하는 방법. 전환은 광고 등을 통해 사이트를 방문한 사람이 제품 구매, 장바구니 담기, 회원가입, 뉴스레터 신청 등 광고주가 의도한 행위를 취하는 것을 의미. 광고의 성과를 파악하는 지표 중 하나라고 표현할 수 있으며 쇼핑몰과 같은 전자상거래 업종은 주로 결제를 전환으로 간주함. 일반적으로 광고주들은 링크 클릭이나 구매와 같은 행동으로 이어진 정도를 측정하기 위해 CVR를 사용. 예를 들어 모바일 게임의 인앱 광고 캠페인을 실시하고 있다면 CVR은 그 광고를 보고 게임을 다운로드 받은 사람들의 비율을 의미. 기간에 따라서 구분하는데, 광고나 메시지를 클릭하고 30분 이내에 전환이 일어나면 직접전환으로 분류하며 광고나 메시지를 클릭한 동일 사용자에게서 15일 이내에 전환이 일어나면 간접전환이라고 함.

[전환율=(전환수/유입수)×100]

CTS(Conversion Tracking System)

구매 전환을 추적하는 시스템. 구매에 어떤 광고가 얼마만큼 조력을 했는지에 대한 측정결과를 제공해줌.

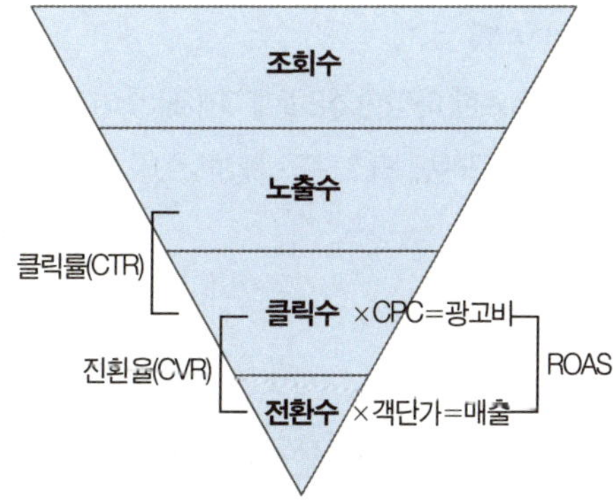

DA(Display Advertising)

포털사이트의 초기화면이나 각종 커뮤니티 사이트 등 홈페이지 내에 존재하는 슬롯을 통해 이미지 형태의 광고를 게재하는 형식. 대형 포털사이트에서 소형 커뮤니티 사이트에 이르기까지 인터넷을 통해 진행할 수 있는 온라인 광고의 가장 기본적인 방식. 배너 광고도 DA의 한 형태이며 일반적인 이미지 광고 및 동영상 광고와 다양한 효과를 줄 수 있는 리치미디어 광고를 활용할 수 있음.

DAU(Daily Active User)

하루 동안 해당 서비스를 이용한 순수 이용자의 수. 보통 게임업계에서 론칭한 서비스를 얼마나 많은 사람들이 실제로 이용하는지를 확인하기 위한 지표로 사용. 지금은 소셜미디어 채널의 실제 이용자 수를 나타내는 지표로도 많이 쓰이고 있음. 사용자는 하나의 디바이스를 한 명으로 보고, 해당 디바이스로 앱을 방문하면 방문횟수와 상관없이 사용자 1명으로 집계됨. DAU는 일간 순사용자를 의미하며, 하루(00~23시 59분 59초) 동안 앱을 한 번 이상 사용한 사용자를 의미함.

[cf] MAU(Monthly Active Users) : 한 달 동안 해당 서비스를 이용한 순수 이용자의 수를 의미. DAU와 같은 개념으로 기간만 늘어난 지표.

Device ID(디바이스 ID)

스마트폰 고유 식별코드로 광고 트래킹 또는 앱 사용자 식별을 위해 사용됨. 기존에는 Android ID와 UDID가 Device ID로 수집되었지만 개인정보 침해를 염려하여 ADID와 IDFA로 대체되었음.

DMP(Data Management Platform)

DMP는 광고인벤토리 입찰에 필요한 다양한 정보(예 : 매체, 소비자 구매행동)를 제공해주는 서비스 플랫폼. DMP는 광고인벤토리 구매에 필요. 즉 다양한 소비자 데이터를 분석하고, 가공한 후 광고주에게 제공해 매체 선택을 지원함.

DSP(Demand Side Platform)

DSP는 광고를 구매하는 광고주가 광고를 생성하고 관리할 수 있는 인터페이스를 제공. 즉 광고주가 광고를 편리하고 효율적으로 구매할 수 있도록 돕는 플랫폼을 의미함. 많은 SSP와 연결되어 있어 광고주가 방대한 매체, 지면 중 타깃에 적절한 인벤토리를 지원해줌.

DT(Duration Time)

사용자가 사이트에 들어와 떠날 때까지 체류시간. PV와 더불어 고객애호도(loyalty)를 나타내는 지표임.

eCPC(effective Cost Per Click : 유효클릭당 단가)

eCPC는 eCPM과 유사한 개념으로 1,000회의 광고 노출이 아닌 광고에서 발생한 클릭수를 고려한다는 점에서 차이가 있음.

eCPM(effetivce Cost Per Mile ; 유효노출 1,000회당 단가)

eCPM– Mille 유효비용 eCPM은 광고실적을 알려줌.

[eCPM=(광고에서 발생한 총 수입 / 총 노출수)×1,000]

[eCPM=(Total earning from an ad / Total impressions)×1,000]

[ex] 회사가 광고 캠페인으로 100만 원을 벌고 광고에서 발생한 총 노출수가 10,000이라고 가정

→ eCPM=(1,000,000 / 10,000)×1,000=100,000

→ 이 회사는 1,000회 광고 노출마다 100,000원의 수익을 얻음.

Hit

한 명의 사용자가 웹서버의 파일 하나에 접속하는 것. 히트란 서버에 있는 파일 하나에 접속한 횟수이기 때문에 한 사이트에 그림이 10개 있다면 히트 수는 그림 10개와 웹페이지 1개를 포함한 "11"로 카운트 됨.

IAB(Interactive Advertising Bureau)

업계 표준을 만들고 리서치 및 온라인 회사를 위한 법률 자문 등을 하는 글로벌 비영리조직.

- MRAID(Mobile Rich Media Ad Interface Definitions) : IAB에서 개발한 모바일 리치미디어 광고의 표준.

IDFA(Identifier for Advertisers)

애플이 광고 목적으로 디바이스별로 부여하는 ID.

Interstitial Ad(전면 광고)

앱에서 화면을 가리는 형태로 나타나는 광고.

Impression(노출)

광고 노출횟수를 의미하며 웹사이트가 열려서 그에 따라 배너 광고가 한 번 노출될 때 한 번으로 카운팅함. 특히 웹페이지의 한 지면에는 디자인에 따라 여러 개의 광고가 들어갈 수 있기 때문에 단위시간당 웹페이지보다는 단위시간당 광고뷰로 더 많이 표기함.

- 노출(Impression)과 도달(Reach)의 차이 : 노출은 반복된 인원이라도 단순히 광고가 노출된 횟수를 보여준다면, 도달은 노출된 사람이 몇 명인지 보여주는 수치임(A가 특정 광고를 3번 봤다면 노출은 3, 도달은 1로 계산됨).

그림 도달(Reach)과 노출(Impression)의 차이를 보여주는 그림

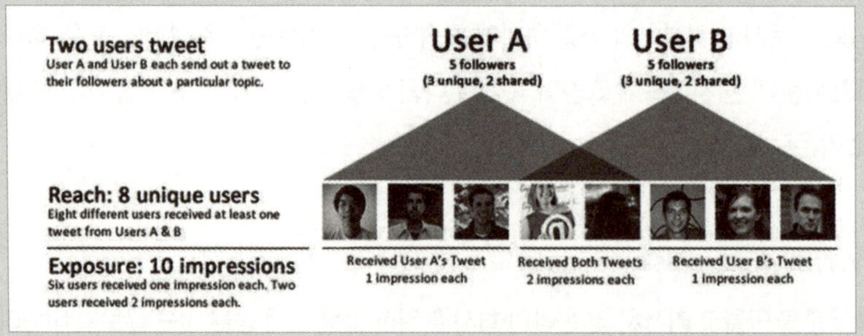

출처 : 유니온 매트릭스

[ex] 트위터에서 A와 B가 각각의 트위터에 글을 올린 경우에 8명의 사람에게 각각의 트윗이 노출되었기 때문에 도달은 8, A, B가 올린 것 중 같은 트윗이 2명에게 보여서 노출은 10이 됨.

Keyword(검색어)

검색엔진에서 정보, 상품구매, 서비스 등을 찾기 위해 입력된 단어 또는 구문을 의미.

- 대표 키워드 : 업종 카테고리상의 대표 키워드로 브랜드, 모델명, 상품명 등 사용자 인지도가 높은 검색어로 포괄적이고 일반적인 의미의 키워드.

[ex] 벽걸이 에어컨, 통돌이 세탁기 등

- 세부 키워드 : 보다 명확한 범주나 세부적인 검색어가 추가되어 있는 검색어로 하나의 서비스나 상품명에 그치지 않고 지역명이나 관련 수식어 및 설명 등을 조합하여 만들 수 있는 키워드.

[ex] 화환 꽃배달, 난 전문배달, 꽃배달 빠른 집 등

- 업종별 키워드 : 해당 분야의 특징 및 환경을 고려하여 연관 검색어로 분류한 키워드.

[ex] 이사 관련 업종 키워드 – 택배, 원룸, 이삿짐센터 등

- 계절 키워드(Seasonal Keyword) : 특정 시기나 계절에 따라 조회수와 광고효과가 매우 큰 키워드.

[ex] 수영복, 스키복, 크리스마스, 입학선물, 벚꽃구경 등

Log Analysis(로그 분석)

광고주의 웹사이트에 접속한 사용자의 방문수, 접속경로, 페이지뷰, 체류시간 등 다양한 정보를 추출하고 분석하는 서비스. 이 분석을 바탕으로 향후 온라인 마케팅 방안이나 웹페이지의 구조 변경 작업 등을 진행함.

Lookback Window(룩백 윈도우)

매체의 전환에 대한 기여를 인정하는 기간으로 어트리뷰션 윈도우(Attribution Window)라고도 함. 기본적으로 클릭 후 7일 내, 노출은 노출 후 24시간 내로 정하고 있으나 매체에 따라 기간을 다르게 설정할 수 있으며, 자체적으로 기간을 정하는 매체도 있음. 대부분의 분석도구들은 라스트 클릭(Last Click) 기준으로 집계함. 하지만 라스트 클릭 기준인 경우 다음과 같은 상황이 발생하게 됨.

- 사용자가 전환을 발생시키기까지의 기여(attribution)

웹 광고A → 앱 광고B → 자연 유입 → 구매 전환

사용자는 첫 번째 웹 광고를 통해 브랜드를 인지하게 되었고, 두 번째 앱 광고를 통해서 다시 브랜드를 확인하고 오프라인 매장에서 제품정보를 확인한 후 브라우저 검색이나 웹 주소를 스스로 입력하여 매장에 방문해서 구매로 전환한 경우에 과연 어디에 기여를 둘 것인지를 결정하는 것은 중요한 결정임. 구글 애널리틱스(Google Analytics)에서는 다중채널 유입경로 라는 리포트를 지원하고 있으며, 산업의 특성에 맞게 기여의 정도를 파악할 수 있도록 모델 비교 도구 리포트도 제공하고 있음.

LTV(Life Time Value ; 생애 가치)

1명의 사용자가 처음 앱을 설치해 사용한 시점부터 더 이상 앱을 사용하지 않을 때까지 발생시킬 수 있는 총 예상 매출액을 분석해 얻어낸 수치.

Native Advertising(네이티브 광고)

기사 등에 자연스럽게 배치되어 있는 광고. 기사 중간에 기사와 관련 있는 광고를 내보내는 방식을 주로 사용하며 하단부에 관련 상품 등에 대한 광고를 게재하기도 함. 이 방식을 사용하면 사용자들의 광고에 대한 거부감이 줄어들 수 있음. 페이스북의 뉴스 피드, 기사와 같은 형태의 협찬 기사들이 포함됨.

Network Advertising(네트워크 광고)

네이버나 다음 등 특정 매체와 계약을 맺고 광고를 집행하는 것이 아닌 신문사 사이트나 각종 커뮤니티 사이트의 배너에 동일한 광고를 집행하는 것. 주요 포털매체보다 상대적으로 저렴한 비용으로 여러 매체에 광고를 집행할 수 있으며 타깃팅이나 리타깃팅 등 특정 관심사를 가진 소비자들을 대상으로 광고 가능. 대표적인 네트워크 광고로 구글 GDN이 있음.

MAU(Monthly Active User)

월간 순사용자. 매달 1일 기준으로 28일간 앱을 한 번 이상 사용한 사용자를 포함함.

KPI(Key Performance Indicator : 핵심 성과지표)

캠페인 목표 달성을 위해 관리해야 하는 주요 지표. 모바일 광고의 경우, 얼마만큼의 고객이 웹사이트에 유입되었는지, 앱 설치가 얼마나 이루어졌는지 등의 지표가 KPI의 하나로 설정될 수 있음.

OLS (Online Sign-up)

온라인 판매 채널로 광고를 구매한 광고주의 거래 방식.

Open Rate

매체 사용빈도나 사용량에 따라 할인되기 이전의 매체 기본요금.

Oraganic User(오가닉 사용자)

검색이나 비보상형 광고를 통해 자연적으로 유입된 사용자. 즉 광고를 통하지 않고 유입된 사용자를 의미함.

PPC(Pay Per Click)

전체 광고비를 클릭수로 나눈 값이며, 클릭당 지불비용을 의미함.

[PPC=광고비 / 클릭수]

Post Click vs. Post Click Conversion

광고를 클릭하고 이벤트페이지로 온 방문자수.

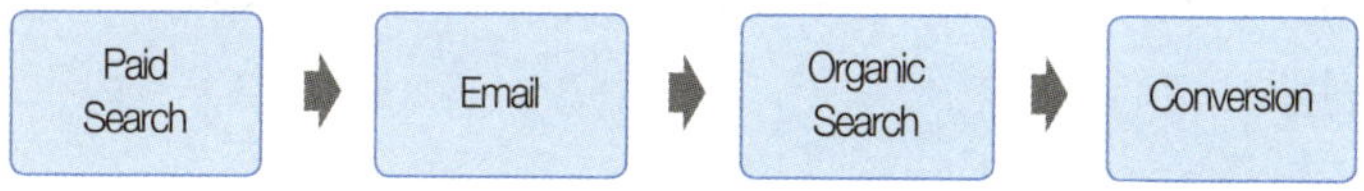

Post View

광고에 노출되고 이벤트페이지로 온 방문자수. 일명 'View-Through Conversion'이라고도 함. 다양한 채널에 광고하는 대부분의 광고주는 전환 과정의 일환으로 비디오 및 소셜미디어를 운영하게 되며 이러한 채널은 일반적으로 클릭을 유도하지 않지만 결과에 기여함.

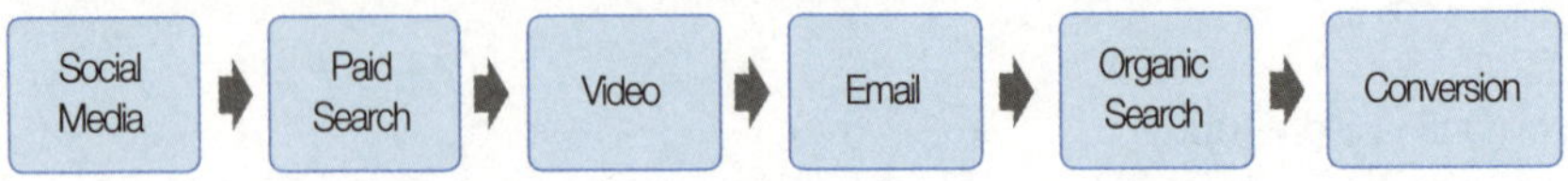

PMP(Private Market Place)

초대 기반의 실시간 입찰마켓을 의미함. 매체(퍼블리셔) 입장에서는 어떤 광고주의 광고를 보여줄지 설정할 수 있으며, 광고주는 프리미엄매체의 인벤토리로 구매할 수 있다는 장점이 있음.

PV(Page View)

인터넷 사용자가 해당 광고(또는 서비스)에서 페이지를 열어본 횟수. 즉 조사대상이 되는 해당 페이지의 노출횟수를 집계하는 방법으로 해당 페이지에서 순방문자수(UV : Unique Visitor)가 발생시킨 페이지 접속수의 총합을 의미함.

Reach(도달률)

일정 기간 동안 특정 사이트를 방문한 모든 이용자 중 광고에 노출된 이용자의 비율. 배너 광고든 SNS의 콘텐츠든 특정 메시지가 존재할 때 최소한 한 번 또는 그 이상 노출된 이용자의 수나 %를 의미함. 주의할 점은 도달률의 경우 동일한 광고가 오디언스에게 반복적으로 노출되더라도 한 번으로 계산해야 함.

[ex] 소비자 A가 사이트 B에 있는 특정 광고를 6시간 동안 3번을 보았다고 해도 도달(Reach)은 1번으로 계산됨.

Referer(리퍼러)

방문자가 해당 웹에 들어오기 전에 방문한 웹의 정보가 담겨있는 것. 검색을 했다면 검색포털 정보가 같이 전달되는 경우를 의미함.

Retargeting Advertising(리타깃팅 광고)

광고주의 웹사이트에 방문한 적이 있거나 웹사이트 내의 특정 페이지를 열람한 경험이 있는 소비자에게 광고를 보여주는 방법.

[ex] 소비자가 어느 화장품 브랜드 홈페이지를 방문했다가 다른 웹페이지로 옮겨가면 화장품과 관련된 광고가 나오는 방식. 쿠키 기반으로 실행되는 광고이기 때문에 쿠키가 지워질 경우 광고가 노출되지 않는 단점이 있음.

Retention(잔존율)

어떤 고객이 다음 해에도 여전히 남아있을 확률. 흔히 LTV를 계산할 때 사용하는 용어. 앱의 경우에는 신규회원이 앱 설치 후, 특정 기간 동안 이탈하지 않고 앱에 지속적으로 접속한 비율을 의미. 보통 Day 1, Day 7, Day 30일과 같이 특정 기간을 설정해 사용자의 이탈 여부를 분석하게 됨. 흔히 앱의 성공 가능성을 판단하는 지표로 사용함.

Rich Media AD(리치미디어 광고)

사용자의 행동에 반응을 하는 형태의 광고. 동영상 광고 형태이지만 게임의 형식을 띄는 광고도 있음. 네이티브 광고도 포함되어 있음. 인터넷 또는 모바일의 배너 광고에 새로운 기술을 적용해 보다 풍부한 효과를 주는 형식의 광고를 의미. 광고 위에 마우스를 올려놓거나 클릭을 하면 광고 이미지가 변하거나 동영상이 재생되는 등 이용자와 실시간 상호작용이 가능해 기존 방식의 광고에 비해 상대적으로 거부감은 낮고, 주목도와 클릭률은 높은 편임.

ROI(Return on Investment : 투자 대비 수익)

클릭당 투자효과를 이익 기준으로 나타내는 지표. 흔히 특정 투자에 대한 결과로 성과를 판단할 때 널리 사용되는 용어.

[ex] 1,000원의 마진이 예상되는 상품이 키워드 광고를 통해 300개 판매되었으며 이 과정에서 소요된 광고비용은 100,000원이었다고 가정함.

[ROI=(300개×1,000원−100,000원)÷100,000 만 원×100=200%]

ROAS(Return of Ad Spending : 광고 대비 매출액)

광고가 얼마나 많은 매출액을 발생시켰는지에 대한 수치. ROAS의 기준은 100% 이상이라고 좋은 것은 아니며, 쇼핑몰 운영의 경우에는 다양한 부대비용이 추가적으로 발생하기 때문에 ROAS가 300% 이상이어야 이익이 발생했다고 볼 수 있음.

[광고수익률(ROAS)=(매출/광고)×100]

[ROAS =(100만 원(매출)/100만 원(광고비))×100=100%]

RTB(Real Time Bidding)

광고인벤토리를 실시간으로 경매하여 구매하는 방식. 광고주는 RTB를 통해 광고 목적에 광고인벤토리를 실시간으로 구매하여 광고를 집행할 수 있음. 매체별로는 페이스북, 인스타그램, 트위터 등 퍼포먼스 광고 영역에서 많이 사용되고 있음.

SAN(Self–Attributing Network : 자기 기여 네트워크)

자체적으로 어트리뷰션 윈도우 기간을 정한 구글, 페이스북, 트위터 등의 대형매체들. 써드파티 트래킹툴에서 SAN에 대한 어트리뷰션 윈도우 기간을 다르게 정하여 수치를 볼 수는 있으나, SAN의 어트리뷰션 윈도우 기간을 수정할 수는 없음.

SDK(Software Development Kit)

게임 앱 내부에 다른 소프트웨어(특히, 광고 소프트웨어)를 탑재하기 위해 사용하는 아주 작은 몇 줄 안 되는 프로그램. SDK 탑재를 통해, 개발자는 앱을 통한 광고 수익화를 이룰 수 있음.

Secondary Price Auction(Vickrey auction)

제일 높은 입찰금액을 제시해서 입찰에 성공한 입찰자가 두 번째로 높은 입찰금액으로 낙찰되는 입찰 방식. 디지털 광고 시장에서 가장 많이 사용됨.

SEM(Search Engine Marketing : 검색엔진 마케팅)

검색 광고를 활용하여 소비자들을 특정 웹사이트로 유도하고, 더 나아가 상품의 구매까지 이끌어내는 마케팅 전략. 배너 광고와 같은 각종 프로모션이나 최적화 작업(SEO)을 통해 검색결과 페이지에서 블로그 등 웹사이트의 상위랭킹을 높이는 모든 활동을 통칭하는 용어로 사용됨.

SEM(Search Engine Marketer)

판매 채널로 대행사 또는 대행사를 통해 인터넷 포털사이트의 키워드 광고를 전담하여 광고를 진행하는 마케터.

SEO(Search Engine Optimization : 검색엔진 최적화)

자사의 콘텐츠가 각종 검색엔진에 쉽게 노출되도록 웹페이지를 최적화 구성하는 작업. 즉 검색엔진에서 검색했을 때, 웹페이지가 검색결과 상위에 노출될 수 있도록 관리하는 것을 의미함. 검색엔진 최적화를 위해서는 꾸준한 포스팅, 독창적이고 질 좋은 콘텐츠 게시, SNS와의 연동 등의 방법 등이 시도되고 있음.

SSP(Supply Side Platform)

SSP는 DSP와 함께 자주 언급되는 용어로 광고판매자 플랫폼을 의미함. 즉 광고인벤토리(광고스페이스)를 광고주에게 제공하며 각 SSP의 SDK(Software Development Kit)를 탑재한 매체 혹은 개발사의 수익화 및 합리적 광고인벤토리 구매 서비스를 제공하게 됨.

Stickiness(고착도)

앱을 이용하는 사용자 수의 증감을 판단하는 기준으로 활용할 수 있음. 모바일 게임의 경우, 고착도가 20% 이상일 때, 성공 가능성이 높다고 판단하게 됨. 고착도는 게임의 장기적 성공 여부를 확인할 수 있는 지표로 활용됨.

[고착도=(일간 활성 사용자(DAU)/ 월간 활성 사용자(MAU))×100]

Session(세션)

웹사이트에 접속하여 웹사이트를 떠날 때까지의 일련의 행동의 묶음을 하나의 Session으로 간주. 웹서버와 데이터를 주고받는 행동이 끊기지 않은 채로 30분간 어떠한 데이터 전송이 없으면 끊긴 것으로 간주하게 됨. 즉 웹브라우징을 지속한 사용자의 수를 의미함. 보통 웹사이트에 접속한 후, 웹사이트를 떠난 시점까지에 해당됨.

Tag

웹사이트 혹은 모바일앱에 심는 코드로, 정보를 써드파티에 보내는 역할을 함.

Takeover(Superstitial AD)

광고 전체가 화면을 뒤덮는 전면 광고로서, 일반적으로 슈퍼스티셜(Superstitial)의 형태로 게재됨. 슈퍼스티셜 광고의 형태는, 광고시간이 20초 정도로 길며 애니메이션, 소리, 그래픽 등 다양한 형태가 조합된 삽입광고 형태가 일반적임.

Targeting Advertising

불특정 다수에게 광고를 노출하는 것과 달리 특정 지역, 성별, 나이, 관심사, 구매내역 등 광고주가 원하고 필요한 계층에게만 광고를 맞춤식으로 노출해 효율을 높이는 광고. 사용자의 쿠키나 광고아이디 등과 같이 타깃팅 광고를 실행할 수 있는 기반이 요구됨.

T&D(Title & Description)

개별 광고에 사용되는 제목, 설명문구, 이미지 등의 광고 소재.

Tracking Pixel

1×1 픽셀 크기의 투명한 이미지를 보유하고 있는 코드로 웹이나 이메일에 심어서 방문, 오픈, 상품 구매 등을 추적할 수 있음.

Traffic(트래픽)

사전적인 의미로 교통량 등을 의미하며, 웹로그 분석 시 페이지뷰(Page View) 등 사용자 행동으로 인하여 발생하는 Hit수 등을 의미함.

TRP(Target Rating Points : TGRP)

일반적으로 매체효과를 평가할 때 사용하는 지수(GRP)를 타깃 대상으로 적용한 것.

[TRP=Target Reach×Frequency]

UA(User Acquisition : 사용자 확보)

얼마나 많은 사용자가 웹이나 앱을 사용하는지를 의미.

Unique Click

광고를 클릭한 수에서 중복으로 클릭한 경우를 배제한 수치.

Unique IP

방문자 IP의 수. 웹로그 분석에 있어서 다양한 방법으로 방문자의 수를 측정하고 있으며, Unique session, Unique user, Unique IP, Session, Visitor 등 다양한 용어를 사용하고 있음. Unique IP는 방문자 컴퓨터의 IP를 근거로 하여 방문자의 수를 측정하며, Session 등을 이용하여 측정한 것과 그 값이 차이가 있음. 즉 1일 내 IP를 이용하여 측정한 방문자가 1명이라도, Session을 이용하여 방문자를 측정한다면 해당 IP를 이용한 사용자가 오전에 1회, 오후에 1회 접속하여 접속시간대가 서로 Session이 연결되지 않으므로 이 경우에는 2명의 방문자로 측정됨.

Unique Page View(순수 페이지뷰)

단순한 페이지뷰와 달리 순수 페이지뷰는 페이지(콘텐츠)의 세션 내 중복 제거된 페이지뷰를 의미함. 즉 페이지뷰의 횟수를 수집하는 것이 아닌 해당 페이지(콘텐츠)를 한 번 이상 조회한 세션의 수를 카운팅하는 것.

Unique Session

웹로그 분석 시 웹사이트에 접속한 사용자 중, 접속하여 웹서버와 데이터를 주고받는 행동이 끊기지 않은 채로 웹브라우징을 지속한 사용자의 수를 나타냄. 하지만 30분간 어떠한 데이터 전송이 없으면 끊긴 것으로 간주함. 보통 쿠키(Cookie)를 통하여 사용자의 세션(Session)을 추적하며, 이를 통해 페이지뷰가 아닌 접속자의 수(사용자의 수)를 추정하게 됨. 또한 이러한 Unique user(Unique session)를 통해서가 아니라 IP Address를 이용하여 사용자수를 추정하기도 하며, 이 경우의 차이는 IP는 고정적으로써, 만약 공공의 컴퓨터를 오전에 1회 사용, 오후에 1회 사용한다면, IP수는 1개로 측정되며 Unique User 수는 2개로 측정됨.

Unique User

UV(Unique Vistors)라도도 표현함. 즉 일정 기간 동안 특정 사이트에 동일한 사용자가 방문한 회수를 제외한 수치를 의미함. 그러나 사용자를 개별인증하지 않는 한 정확한 사용자의 수를 측정하기는 불가능하며, 일반적으로 Unique session과 같은 의미로 자주 사용됨.

Unique Visitor (Unique Users, Unique Viewer, Unique Impressions)

사이트에 방문하거나, 광고에 노출된 사용자 중 중복된 사용자를 배제한 수치. 즉 인터넷 이용자가 특정 홈페이지에 방문한 수를 나타내며 중복 방문을 제외한 수치를 의미함.

[ex] 하루를 기준으로 A라는 소비자가 B라는 홈페이지를 오전 10시, 오후 2시, 오후 9시 총 3번 접속했다고 해도 카운트는 1로 나타남.

UTM(Urchin Tracking Module)

Urchin Software에서 개발된 트래킹 코드를 의미한다. 이 개발사는 이후 구글에 인수합병되어 구글 애널리틱스가 만들어지게 되었다. UTM코드는 웹사이트 주소 뒤에 위치하고 이를 통해서 구글 애널리틱스가 분석이 가능함.

WAU(Weekly Active User)

WAU는 주간 순사용자. 즉 한 주(월~일) 동안 앱을 한 번 이상 사용한 사용자를 나타냄.

VAST(Video Ad Serving Template)

IAB에서 개발한 XML 기반의 영상 광고 송출 프로토콜, 웹페이지의 비디오 플레이어들에 영상 광고 콘텐츠를 보내는 표준.

Viewability(Viewable Impression)

사용자에게 실제로 노출된 노출을 계산하는 측정항목 중의 하나로 크리에이티브에 심어져 있는 자바스크립터를 통해서 트래킹함. 광고가 실제 오디언스에게 노출된 것을 카운트하는 목적으로 측정하는 지표. IAB는 디스플레이 광고의 경우 소재 픽셀의 50%가 최소 1초 동안 노출되어야 하며 비디오 광고는 픽셀의 50%가 최소 2초 동안 노출되어야 사용자에게 노출된 것으로 기준을 정했음.

찾아보기

국 문

ㄱ

가망소비자 49
가속화된 애호도 여정 82
감성 분석 92
감성어 111
개발 부서 45
건너뛸 수 없는 유튜브 광고 202
검색 광고 22, 164
결과 75
결정적인 순간 79
경쟁 분석 107
경쟁 커뮤니케이션 분석 109
경쟁입찰 방식 127
경제경영연구소 리포트 108
고객 구매 여정 150
고객 전환 182
고객 확보 157
고려 123
공감 77
공급 플랫폼 50
공유와 확산 77
관계사 데이터 141
관심사 146
광고 게재 40
광고 게재/송출 39
광고 메시지 49
광고 솔루션 40
광고 예산 및 일정 183
광고 캠페인 목표 114
광고 확장 171
광고인벤토리 58

광고인벤토리 효율화 67
광고품질점수 171
광고효과 측정/분석/트래킹 40
구글 더블클릭 63
구글 문맥 타깃팅 128
구글 애드워즈 127
구글 애즈 165
구매 75
구매 증대 목적 119
구매의사결정 과정 75
구매이력 131
국내 광고 시장 29
기여도 분석 152
기획 43

ㄴ

나우누리 22
네띠앙 22
네이티브 광고 121
네트워크 행동 타깃팅 131
노아 글래스 190
노출 75
노출 위치 183
노출수 169

ㄷ

단순노출 이론 124
대안평가 75
데이터 마이닝 서비스 94
도메인 129
동영상 광고 164,175
동영상콘텐츠 36
디스플레이 광고 19, 163
DSP 플랫폼 66
DMC미디어 69
디지털 광고 27, 119
디지털 광고 시장 20, 29
디지털 광고대행사 36
디지털 광고인벤토리 55
디지털 매체사 37
디지털 중개기업들 49

ㄹ

라스트터치 어트리뷰션 152
라이코스 23
롱테일 시장 15
리드 122
리마케팅 140
리치미디어 광고 163
리타깃팅 139
리트윗 191

ㅁ

마스트헤드 광고 203
마이크 크리거 183
마케팅테크 51
마크 저커버그 173
맞춤청중 148, 149

매체 기획 40
매체 기획/제안 39
매체비 42
매체사 37
매출 155
맥킨지 80
멀티터치 어트리뷰션 모델 152
모바일 광고 시장 27
목표집단 선정 125
무료경제 21
문맥 타깃팅 126
미드롤 광고 202
미디어 성과 분석 153
미디어 플래닝 150
미디어렙 38

ㅂ

바이어 45
반응형 광고 13
배너 19
버즈 생성 194
범퍼 광고 202
보유 75
보유 미디어 9
브랜드 론칭 120
브랜드 인지도 115, 182
비즈 스톤 190
비즈니스 모델 41
비콘 147
빅데이터 연관어 111

ㅅ

사용자 도달 182
사용자 세그먼트 136
사용자 참여 182
사용자 활동률 157
사이트 카테고리 타깃팅 128
상황 분석 107
선별비용 14
성과 관련지표 155
성별/연령 그룹 타깃팅 145
소득 146
소비자 권한 82
소비자 분석 107
소비자 의사결정의 여정 81
소비자행동 분석 111
소셜메트릭스 94
수수료 41
수요 플랫폼 50
수용 75
수익 158
수익구조 167
순 매체비 41
스마트 광고 23
스토리 광고 187
스티브 첸 199
슬라이드쇼 광고 177
시간 및 외부 조건 기반 타깃팅 148

시장 분석 107
신비로 22
실시간 경매 50, 67
썸트렌드 94, 113
3D Effector 45
CRM 데이터 143

ㅇ

아마존 대시 버튼 85
IP 기반 지리적 위치 147
애드네트워크 59
애드서버 57
애드센스 165
애드센스 관리지표 168
애드센스 수익구조 167
애드센스 시스템 21
애드센스 입찰 유형 167
애드익스체인지 61
애드테크 50
애호도 79
액센츄어 37
앱 카드 197
언어 타깃팅 146
에반 윌리엄스 190
AARRR 모델 154
AIDA 모델 11
SIPS 모델 77
엠파스 22
역쇼루밍 83
역쇼루밍족 86
연관성 171
연관어 맵 97
예상수입 169
오디언스 타깃팅 131
오버레이 광고 204
오버추어 23
오프사이트 타깃층 132
온라인 광고대행사 36
온라인 광고협회 51
온라인대행사 42
온사이트 타깃층 132
온사이트 행동 타깃팅 131
와일더플래닛 139
욕구의 확인 75
웹 기획자 43, 45
웹사이트 카드 196
위치 타깃팅 148
유사청중 148, 149
UI 디자이너 45
유지/재방문 155
유튜브 199
이미지 광고 174
이벤트, 체험형 캠페인 118
이해 75
인구통계적 타깃팅 144
인모비 61
인스타그램 183
인스타그램 광고 목표 184

인스타그램 광고 유형 185
인스타그램 동영상 광고 186
인스타그램 이미지 광고 186
인스턴트 경험 광고 179
인스트림 동영상 광고 195
인지도 123
인지도 향상을 위한 셀럽 활용 117
인터넷 산업 표준 128
인터랙티브형 스토리 광고 188
인터웍스 127, 129
인플루언서 116
입소문 155
입찰 183
입찰가 171

ㅈ

자베드 카림 199
자사 데이터 141
자연어 처리 130
잔고 169
잠재고객 확보 124
잠재고객의 증대 121
잭 도시 190
전자상거래 143
전환 123
전환율 138
정보 탐색 과정 75
정보제공형 광고 117
제3자 데이터 141
제안요청서 40, 114
제품 분석 107, 110
종합 광고대행사 36
주의 75
증강현실 86
지불 미디어 9
지속적 유지 158
지역 위치적 타깃팅 147
지오펜스 147
직거래 42
직접적인 매출 증대 119

ㅊ

참여 77, 123
참여율 154
채드 헐리 199
청구 기준 183
최적화 기준 183
추천 159

ㅋ

캐러셀 광고 187
캠페인 디렉터 43
캠페인 운영 39, 40
커뮤니티 브랜드 121
커뮤니티 지지층 193
커미션 41
컬렉션 광고 179
케빈 시스트롬 183

코리아닷컴 22
콘텐츠 129
쿠키 135
클릭률 138, 154
클릭수 169
키워드 광고 164

ㅌ

타깃 광고 22
타깃팅 125, 183
타깃팅 기준 변수 149
탐색 75
탐색 탭 광고 189
탐색비용 14
터치포인트 150
텍스톰 101
텍스트 129
텍스트 광고 23
트래픽 49
트래픽 증가분 62
TrueView 검색 광고 201
TrueView 광고 199
TrueView 도달 광고 201
TrueView 인스트림 광고 200
트리플미디어 9
트위터 190
트위터 계정 추천 서비스 193
트위터 광고의 장점 198
트위터 쪽지카드 197

ㅍ

파란 22
파레토 법칙 119
팔로워 190
팔로잉 190
퍼블리셔 49
퍼스트터치 어트리뷰션 152
퍼포먼스 마케팅 125
펄스K 98
페이스북 173
페이스북 광고 캠페인의 구조 182
페이스북 피드 광고 181
페이지뷰 169
품질평가지수 127
프로그래매틱 광고 50
프로그래매틱 바잉 55
프로그래머 45
프로모션 기획자 45
프로모션 비디오 192
프로모션 트렌드 194
프로모션 트윗 191
프리롤 광고 202
프리첼 22
플래셔 45
플러리 171
플로우 83
피드 광고 180

ㅎ

하나포스 22
하이퍼 로케이션 47
핵심청중 148
행동 타깃팅 131
행동 타깃팅 과정 133
행동변수 131
호프만과 노박 84
확인 77
활성화 155
획득 155
획득된 미디어 9
효과 리포팅 39, 40
훗스위트 191

영 문

A

Accelerated Loyalty Journey 82
Accenture 37
Ad Exchange 61
Ad Network 59
Ad Server 57
Adage 37
Adbrix 171
Adtech 50
advocate 193
AE 45
Assist 152

B

banner 19

C

Converter 152
Copywriter 45
CPC 127
CPM 127, 129
CTR 129, 138
CVR 138

D

DMP 66, 134
DSP 64

E

Earned media 9

F

Flasher 45
Flurry analytics 171
FMOT 78, 79
follower 190
following 190
free economics 21

G

GAID 140

GDN 125

GDPR 130

I

IDFA 139

IGAWorks 171

Inmobi 61

L

lead 122

Localytics analytics 171

M

Martech 51

Mixpanel analytics 171

MYM 22

O

Originator 152

Owned media 9

P

Paid media 9

Producer 45

Programmatic Buying 55

R

Reverse-Showrooming 83

ROI 138

S

SMOT 79

T

Targeting Gates 67

TMOT 79

U

UDID 140

UI Designer 45

W

Web Designer 45

Z

ZMOT 79

저 · 자 · 약 · 력

손영석

한림대학교 광고홍보학과/마케팅 커뮤니케이션 테크놀로지 전공 교수
고려대학교 경영학과 및 동 대학원에서 마케팅 석사와 박사학위 취득 후 광고대행사인 대홍기획 마케팅 연구소에서 재직하면서 다양한 업종의 브랜드 전략과 기획을 수립하였고, 쿠쿠, 파크랜드 등 많은 브랜드들을 성공적으로 포지셔닝하는 데 조력하였다.
주요한 연구 분야는 브랜드와 소비자 행동 분야이며, Journal of Advertising Research, Psychology & Marketing, Advances in Consumer Research 등 광고와 마케팅 분야의 국내외 학술지에 다수의 논문을 게재하였다.
한국 마케팅 관리학회 부회장과 편집위원장을 역임하였고, 한국 소비문화학회 부회장, 한국 광고학회 편집장, 한국 마케팅학회 이사, 국가 혁신브랜드 위원, 소방방재청 브랜드 자문교수 등을 역임하였다.

정우철

온-오프라인 크로스오버 광고 기획자
애경그룹 계열사인 애드미션에서 디지털 AE로 광고를 시작하였다.
제주항공 브랜드 론칭 디지털 마케팅을 비롯하여 애경, 미래에셋, 농심, 멜론 등 다양한 브랜드들의 디지털 캠페인을 기획 운영하였다. 디지털 광고업계 내에서도 보기 드물게 디스플레이 광고뿐 아닌, 검색 광고 기획 경험도 보유하고 있다.
현재는 하쿠호도제일에서 디지털에서 ATL까지, 마케팅 커뮤니케이션 전반의 기획을 통합적으로 하고 있다.
삼성전자, 서울우유, KDB대우증권, 렉서스, 데싱디바, 광동 헛개차 등 업계 Top 브랜드 캠페인을 진행하였으며, 광고기획뿐 아니라 상품 기획, 세일즈 접점에서의 커뮤니케이션 기획까지 다양한 형태의 아이디어들을 열정 많고 믿을 수 있는 팀원들과 함께 고민하고 있다.

저자와의
협의하에
인지생략

디지털 마케팅 커뮤니케이션

2020년 12월 26일 초판 인쇄
2020년 12월 30일 초판 1 쇄 발행

저 자 : 손영석 · 정우철
발행인 : 정 광 식
발행처 : **비앤엠 북스**
서울특별시 금천구 가산디지털1로 70 B1-103
등 록 2004. 12. 29. / 제313-2004-00298호
전 화 2627-5710~13, 팩스 262-5720
홈페이지 www.대학교재.net
이 메 일 bnmbook@daum.net

가격 18,000원 ISBN 978-89-6821-112-6

• 본 교재는 과학기술정보통신부 및 정보통신기획평가원에서 주관하여 진행한 결과물입니다.(과제번호:20180002160031001)